하나님, 저희
잘 가고 있는 거 맞나요?

♦ 일러두기

1. 이 책에 인용한 성경 구절은 대한성서공회의 '개역개정판'을 참조하였음을 밝힙니다.
2. 본문에서 책명은 『 』, 곡명은 「 」로 표기했습니다.

추천의 글

저는 소꾸 부부의 결혼식에서 누구보다 진심으로 축복하는 자리인 '주례자'의 자리에 있었던 사람입니다. 주례 이후에도 정말 많이 축복했고, 잘 살기를 바라며 기도한 사람이라고 자부합니다. 남편인 희구 형제는 개인적으로 학교에서 스승과 제자로 만난 사이인데, 굉장히 밝고 쾌활하며 긍정적이고 노래 실력이 뛰어난 실력자이자 수제자였습니다.

결혼식을 앞두고 만난 아내인 소정 자매는 흰 도화지와 같은 순수함을 지니면서 동시에 '똑순이'의 카리스마와 아름다운 미소까지 겸비해, 희구 형제에게 완벽한 아내라는 생각이 들었습니다. 자주 안부를 전해 듣곤 했는데, 어느 날 소정 자매가 아프다는 소식을 듣고 얼마나 놀랐던지…. 두 사람이 잘 이겨나가는 모습에 감사해하며 멀리서 응원하던 시간이 생각납니다.

소꾸 부부가 가진 고민은 이 시대를 살아가는 대부분의 젊은 크리스천이 세상에서 겪는 문제라는 생각이 듭니다. 하지만 소꾸 부부는 여러 다양한 관점과 방법, 그리고 신앙의 깊은 고민과 기도로 이겨냈고 또 이겨내는 중입니다. 그런 의미에서 많은 크리스천 청년에게 도전이 되고, 작게나마 길잡이가 되고, 소소한 감동을 주기에 충분하다는 생각이 들어 감사한 마음을 담아 이 책을 추천하는 바입니다.

– 찬양사역자 '시와 그림' **김정석** 목사

분재 박물관을 갔던 적이 있습니다. 한 화분이 눈에 들어왔는데, 볼링공만 한 돌 위에 잘 가꿔진 나무였습니다. 그 나무가 눈에 들어온 것은 단순히 아름답고 화려했기 때문이 아닙니다. 커다란 돌을 쪼개고 그 사이를 비집고 나온 나무뿌리 때문이었습니다. 결국 그 나무의 생명력이 커다란 돌을 쪼갠 것이었습니다. 그 분재가 저에게 주는 의미와 감동은 이루 말할 수 없습니다.

　두 사람의 글을 읽으며 그때의 감동이 자꾸 떠오릅니다. 아마도 소꾸 부부가 생명력 있는 신앙으로 단단한 세상의 돌에 균열을 일으키고 있다는 생각이 들었던 것 같습니다. 글을 읽으며 내심 마음에 소망이 생기고 살아갈 힘이 났습니다. 만만치 않은 세상에서 두 사람이 보통의 그리스도인으로 씩씩하게 세상을 순례하니, 어찌 감동이 되지 않겠습니까?

　글을 읽으며, 파울로 코엘료의 『연금술사』가 생각났습니다. 연금술은 납이나 값싼 고철을 값비싼 금으로 만들고 싶은 욕심에서 시작된 것이지요. 그러나 진정한 연금술은 납이 납되고, 철이 철되는 자리에 있을 때 금보다 더욱 아름답다는 깨달음이 다시 한번 마음에 되뇌어 집니다. 소꾸 부부는 상위 1%의 아름다운 금이 아닐지라도, 그들의 있는 모습 그대로, 있는 자리에서 금보다 더한 빛을 내는 것 같습니다. 이 책을 통해 두 사람의 찬란한 빛을 볼 수 있었습니다. 끝까지 아름다운 길을 가는 두 사람이 되면 좋겠습니다. 그리고 두 사람의 행복하고 빛나는 여정에 우리를 초청해 주어서 진심으로 감사합니다. 삶이 지친 분들, 보통의 그리스도인으로 살기에 버거운 분들에게 이 책을 강력히 추천합니다.

― 필그림교회 담임 **김형석** 목사

뜻밖의 문제와 어려움이 생길 때, 누구에게 도움을 청하나요? 우리는 때때로 앞이 보이지 않는 불확실한 미래를 바라보면서 벼랑 끝에 서게 됩니다. 소꾸 부부는 힘든 순간에도 좌절하지 않고, 하나님의 은혜를 생각하며 즐겁고 놀라운 깨달음으로 한 걸음씩 나가고 있습니다. 더불어 하나님의 뜻을 알고, 하나님의 뜻대로 살기 위해 노력하는 사람들입니다. 소꾸 부부는 배워서 남을 주는 삶을 살기를 원하고 자신도 행복하고 남도 행복해지는 일을 계획하고 실천 중입니다.

모든 성공과 영광이 하나님의 것임을 알고 기억하며 선한 영향력으로 세상의 빛과 소금이 되고자 합니다. 세상과 부딪혀 상처받았으나 하나님의 말씀 안에서 다시 일어서서 비전을 향해 나가는 그들의 모습이 담긴 이 책은 하나님의 뜻 안에서 청년들에게 새로운 비전으로 희망과 용기를 북돋아 줄 수 있을 것으로 생각합니다.

– 미술치료사, '블루밍마인드' 대표 **임지현**

하나님의 열심으로 살아가고자 했으나 결국 나의 열심이 된 것 같아 고민되는 사람, 예상치 못한 삶의 우여곡절 속에서도 하나님을 놓치지 않길 바라는 마음이 있는 사람이라면 소꾸부부가 담아낸 솔직한 고민과 해결 과정을 통해 긍정적인 도전을 받을 수 있을 것입니다.

5년간 옆에서 소꾸부부가 하나님께 붙들리는 삶을 살기 위해 노력해 온 모습을 지켜봐 온 사람으로서 치열한 고민이 담긴 이야기가 책을 통해 더 많은 사람에게 전달될 수 있어 기쁩니다. 이 책의 독자는 신앙과 실력 사이, 끊임없는 균형에 대한 각자만의 힌트를 얻을 수 있을 겁니다.

– 주식회사 '매치워크' 대표 **권수연**

달팽이도 멈추지 않으면 산을 넘습니다

배워서 남에게 주고 싶었고, 많이 벌어서 베풀며 살고 싶었습니다. 그런데 막상 사회에 나와서 아무리 근로자로 열심히 일해도, 십일조를 내고 저축하고 여러 비용을 지출하면 수중에 잔고가 얼마 남지 않았습니다. 그래도 열심히 일하고 돈이 어느 정도 모이면 꼭 봉사도 하며 살자고도 했지요. 그런데 어쩌다 돈이 조금 모인 데도 여유가 없어 지갑을 쉽게 열지 못하는 모습을 발견했습니다. 사실 통장 잔고보다 저희의 마음이 가난했다는 걸 깨닫기까지는 오래 걸리지 않았죠.

그럼에도 저희는 나누고 싶고 도움을 주는 사람이 되고 싶었는데, 방법을 알 수가 없어서 답답했습니다. 게다가 요즘 청년 세대가 고민하는 연애와 결혼, 임신과 출산, 그리고 불확실한 미래 등은 신혼부부인 저희도 피할 수 없는 문제였습니다. 현실의 벽은 너무 높기만 했습니다.

그래서 계속 기도했습니다. '저희 부부가 하나 되어 뾰족한 목표를 가지고 하나님의 통로가 될 수 있게 해달라'고요. 그런데 평생 찬양 사역자와 목회자를 꿈꿨던 남자와 일터에서 인정받는 성실한 근로자의 삶이 전부라고 생각했던 여자는 결혼 후 인생 최대의 역경들을 마주했습니다. 또 삶이 유한하다는 것을 깨닫자마자, 당장 내일 하나님께서 데려가셔도 후회하지 않을 삶을 살아야겠다 다짐했지요. 그렇게 새로운 도전으로 발걸음을 내디딜 용기가 생겼습니다.

사업의 '시옷' 자도 모르던 저희가, 오로지 하나님이 함께 하실 거라는 믿음 하나로 사업을 시작했습니다. 그런데 시작부터 소송을 경험하고, 통장 잔고가 0이 되어가는 순간을 경험하면서 그동안 저희가 당연하게 여겨온 모든 것이 철저히 무너졌습니다. 그제야 모든 것이 하나님의 은혜였다는 걸 깨달았습니다. 하나님보다 더 중요하게 생각하던 것들이 들춰지면서 온전히 하나님만 바라보게 하는 훈련을 하게 하셨다는 걸 알게 됐습니다.

저희는 이 책을 집필하는 과정에서도 여러 가지 어려운 상황을 마주했습니다. 한 단계 고난을 이겨내고 나면, 신기하게도 다음 단계의 고난이 기다리고 있었습니다. 그럼에도 저희가 절대 포기하지 않은 것은, 바로 하나님 앞에 그 상황과 마음까지 맡기고 나아가는 것이었습니다. 어떤 날은 기도드릴 힘조차 없어서 한숨과 눈물로만 예배를 드리다가 올 때도 있었지만, 포기하지 않고 하나님 앞에 처한 문제를 가져갔을 때 선하게 역사하시는 하나님을 만날 수 있었습니다.

   아직 찾아오지도 않은 불행을 굳이 현재로 끌어와 염려하고 불안해하던 시선에서, 온전히 하나님만을 바라보며 현재에 최선을 다해 살아가는 담대한 시선으로 저희의 눈을 고치셨습니다. 더불어 교회 밖 세상에서 빛과 소금의 역할을 감당하기 위해 필요한 일들을 직접 체험하게 하셨습니다. 가끔 너무 매정한 하나님이라고 느껴질 때도 있었지만, 결국 하나님은 선하게 이끌어가신다는 것을 믿습니다.

   감당하기 힘든 상황을 마주할 때마다 저희는 이렇게 얘기합니다. '지금은 우리의 스토리를 쌓는 중'이라고. 앞으로 저희의 삶을 어떻게 이끌어가실지 모르지만, 저희의 스토리가 쌓여 하나님을 높일 수 있길 기대하면서 오늘도 한 발짝 내딛습니다.

   이 책을 통해 세상에서 성숙한 크리스천으로 살아가는 삶을 고민하는 청년과 보이지 않는 미래가 너무 버겁게 느껴져 도망치고 싶은 크리스천이, 함께 그 길을 걸어가길 원하는 주님의 마음을 알 수 있길… 우리의 애쓰는 마음을 잘 아시고 약할 때 강함 되게 하시는 하나님을 만나는 시간이 되길 바랍니다. 마지막으로, 저희 부부가 비전을 찾고 나아갈 수 있게 도와준 윤성화 소장님께 감사의 인사를 표합니다.

                                            2024년 4월
                                      소꾸부부(정희구, 이소정)

목차

추천사 · 004

프롤로그 – 달팽이도 멈추지 않으면 산을 넘습니다 · 007

1장. 남 탓과 내 탓 사이에서도 시간은 흐른다

예상치 못한 순간, 누구의 탓인가 · 016

저 굉장히 이성적인 사람이에요 · 026

제발 나 좀 내버려둬 · 034

차라리 내가 아팠으면 좋았을텐데 · 037

하나님과 함께했던 나만의 고백과 다짐 · 041

부부의 대화 · 045

부부의 기도 · 048

2장. 돈에 대한 시선을 하나로 맞추다

나는 돈을 좋아하지 않는 줄 알았다 · 050

도전과 안정 사이 · 057

다름을 맞춰가는 부분 · 062
내려놓고 바뀐 시선 · 067
돈, 욕심 버리기 vs 욕심 내기 · 079
부부의 대화 · 083
부부의 기도 · 086

3장. 정말로 원하는 것이 있을 때 제대로 준비하게 된다

익숙하고 편한 것이 무서운 이유 · 088
정신차려보니 계약서가 눈앞에 · 091
멱살 잡고 끌고 가시는 하나님 · 099
우리가 하나되어, 목표를 뾰족하게 · 104
하나님 안에서 움직이기 시작하다 · 109
부부의 대화 · 116
부부의 기도 · 118

4장. 모든 자원을 집중해서 문제를 풀어라

재미난 변수 인생, 시작 · 120
하나님! 너무하시는 거 아닙니까? · 126
하늘 문이 열리면, 물이 내린다 · 135
선한 방법으로 해결하려 했더니, 호구가 됐다 · 144
빠른 문제 해결의 원칙, 불편하면 나의 자세를 고쳐 앉자 · 149
부부의 대화 · 154
부부의 기도 · 156

5장. 관점이 달라져야 무너지지 않는다

버러지가 되라고요? · 158

시선을 옮기는 과정 · 166

그럼에도 감사 · 169

나를 위했던 감사에서 남을 돕는 감사로 · 176

비로소 '부부'의 하나님을 만나다 · 181

부부의 대화 · 190

부부의 기도 · 192

6장. 하나님, 저희 잘 가고 있는 거 맞나요?

나라는 약점투성이 · 194

호랑이굴의 결말은 뭔가요? · 197

내가 먼저 손 놓아버리면 어떡하죠? · 201

약함까지도 사용하시는 하나님 · 206

작은 것까지도 하나님께 묻고 나아가기 · 211

온전히 따라간다는 것은 · 216

부부의 대화 · 222

부부의 기도 · 224

7장. 열심히 노력하면 진심은 통한다

모든 안녕의 순간을 담는 공간 · 226

사랑하기로 작정했다 · 230

자라게 하시는 이 · 234

축복의 통로로 쓰임받게 해주세요 · 238

알 수 없는 하나님의 일하시는 방식 · 241

부부의 대화 · 246

부부의 기도 · 248

8장. 실력과 신앙, 두 마리 토끼를 모두 잡아야 하니까!

그래도 웃으면서 갈 수 없겠니? · 250

비전을 다시 재정의하다 · 256

비전에는 힘이 있다 · 260

Between 0 and 6 (영과 육의 밸런스) · 263

크리스천이 갖춰야 하는 삶의 자세 · 267

돕는 배필로 붙여 놓으신 이유 · 275

부부의 대화 · 281

부부의 기도 · 283

에필로그 - 저희는 지금도 좋은 어른이 되어가는 중입니다 · 284

1

남 탓과 내 탓 사이에서도 시간은 흐른다

예상치 못한 순간, 누구의 탓일까

　암이었다. 한 번도 아파본 적 없던 내가 처음 진단받은 병명은 분명 암이라고 했다. 2022년 1월, 결혼을 하고 신혼 10개월에 남편은 나의 진정한 보호자가 되었다. 이전에 어느 글에서 결혼하고 언제 부부가 되었음을 느끼냐는 질문에 '서류 속 보호자 이름에 남편 이름을 쓸 때'라는 걸 본 게 생각났다. 행복하기만 해도 모자란 신혼에 암 투병이라니. 망치로 뒤통수를 맞은 것처럼 눈앞이 캄캄하고 아찔해졌다.

　병원에서 인적 사항의 보호자 정보에 남편의 것을 기재하는 순간, 고마우면서도 미안한 마음에 눈물을 훔쳤다. 혼자일 때 이런 상황을 겪었다면, 오롯이 나 혼자 감당할 생각에 너무 무서웠을 텐데 남편이 함께 있다는 생각만으로 든든했다. 하지만 내가 아파서 남편에게 큰 부담을 주게 되고 같이 이 고통을 감내해야 하는 것에 대한 미안함이 더 컸다.

비록 우리가 예상치 못한 아픔을 경험했지만, 그 상황을 극복하기 위해 노력하는 모습을 보며 기뻐하실 하나님이 떠올랐다. 우리가 고통스러워하는 모습 때문이 아니라, 온전히 당신을 바라보며 동행하고 싶어 하시는 하나님의 마음이 느껴졌다. 덕분에 '*사람이 마음으로 자기의 길을 계획할지라도 그의 걸음을 인도하시는 이는 여호와시니라(잠언 16장 9절)*'라는 말씀이 그제야 나에게 피부로 와 닿기 시작했다. 나의 계획대로 되지 않으면 변수겠지만, 하나님의 계획 안에서는 반드시 선한 길로 인도하실 것이라는 믿음이 생겼다. 인간의 눈으로 볼 땐 깨지고 부서지는 것처럼 보일지라도.

이제 나는 내 몸에 난 수술 자국을 볼 때마다 예수님의 못 자국 난 손바닥이라고 생각하게 된다. 하나님의 사랑을 온전히 느낄 수 있는 증표가 된 것 같아 감사하다.

♦

결혼하고 둘이 처음 맞는 새해. 같이 보내는 연초는 처음이라서, 새해를 맞이하는 마음이 유난히 설렌다. 앞으로 우리 가정을 어떻게 꾸려갈지, 가족계획은 어떻게 세우면 좋을지 비롯해서 올해를 알차게 계획해 보자며 근교로 신년 맞이 여행을 가기로 했다. 3일간의 밤 근무를 마치고 바로 떠나야 하는 일정이라 약간의 강행군이긴 했다. 하지만 오랜만에 떠나는 여행인 데다가, 4일짜리 휴무를 최대한 알차게 보낼 생각에 무척 신이 났다. 그래서 평소 잘 마시지 않는 커피 수혈도 하고 허벅지를 꼬집어서라도 잠들지 않으려 했다. 겨울이지만 적당히 코끝이 시린 추위에, 바람이 많이 불지 않아 여행하기에 딱 좋은 날씨였다. 모든 게 완벽했다.

여행을 떠나서 설레는 마음과 다르게, 그날따라 유난히 목이 따끔거렸다. 당시 고농도 초미세먼지가 심각하다고 했다. 그래서인지 목감기 증상일 거로 생각했다. 어릴 때부터 감기에 걸리면 기관지에서부터 증상이 시작할 정도로 목에 예민한 편이었다. 간호사로 일하면서 예방에 민감해진 탓일까. 몸에 이상이 느껴지면 선제적으로 대응하려고 미리 약을 챙겨 먹곤 했다. 자려고 누워 림프샘이 붓지 않았는지 촉진하려고 만져 보는데 갑자기 목젖(?)이 만져졌다.

목젖은 보통 남성에게만 만져지는 것으로 알고 있었는데, 그게 아니었나 싶었다. 그런데 침을 삼킬 때마다 같이 꿀렁거리는 게 신기하기도 하고, 남편 목에 있는 것과 비교해 보면서 '이게 뭐지?' 싶은 궁금함이 커졌다. 게다가 그 위치가 딱 정중앙에 있지 않고 왼쪽으로 살짝 치우쳐 있어서 조금 이상하다고 생각했다. 거기까지였다. 내가 계속 궁금해할수록 남편의 걱정이 커질 수도 있고, 여행의 설렘과 기쁨을 망치게 될까봐 나중에 출근해서 의사 선생님을 만나 물어보겠다고 하고 넘겼다.

여행 복귀 후 수술실은 어김없이 정신없었다. 매일 아침 8시가 되면, 첫 수술 환자들이 각자의 카트에 누운 채로 의료진의 손에 이끌려 배정된 방으로 이동한다. 마취과 간호사들은 아침에 출근하면 자신이 배치된 수술방의 마취 기계에 이상이 없는지 점검하고 여러 가지 마취를 위해 준비를 한다. 매일 루틴처럼 하는 일이지만 기계에 이상이 생기면 수술 중인 환자에게 치명적인 일이 될 수 있기 때문에 빼놓을 수 없는 중요한 업무다. 그래서 매일 기도하면서 일한다. 그 덕분이었을까. 나의 간호사 생활은 큰 사건이나 사고 없이 비교적 순탄하게 배워갈 수 있었다.

"하나님! 오늘도 이 마취 기계가 문제없이 수술 일정을 감당할 수 있게 해주세요. 그리고 저 또한 감당할 정도의 일만 경험하게 해주세요. 마지막으로 오늘 수술 받는 사람들의 안녕을 위해 기도합니다. 아멘."

♦

수술실은 감염의 위험성 때문에 늘 18~23℃로, 체온보다 낮은 온도를 유지한다. 어느 정도인가 하면, 환자들은 에어컨을 세게 틀어놓은 공간에서 얇은 민소매 옷을 입고 있는 것과 같다. 그래서 수술 방에 들어가면 가장 많이 듣는 말이 "너무 추워요"다. 정말 추워서 떨리는 것도 있겠지만, 계속 관찰하다 보면 마음이 떨려 불안해하시는 게 느껴진다.

그러면 나는 마취가 시작되기 전, 워밍기계를 통해 따뜻한 바람을 공급해 드리면서 몸의 긴장을 조금 풀어드린다. 그리고 기도하는 마음으로 손을 꼭 한 번씩 잡아드린다. 마취과에서 해드릴 수 있는 가장 최고의 말은 "꼭 깨지 않게 푹 재워드릴 테니 걱정 마시라"는 게 아닐까? 말 한마디에 조금이나마 안심이 되는지 편안하게 눈을 감고 깊은숨을 내쉬는 환자들을 본다.

모든 환자를 마음 다해 긴장을 풀어드리면서 일하면 얼마나 좋겠냐마는, 사실 내가 일하는 환경은 그러기가 쉽지 않다. 동시다발적으로 수술이 시작하고 끝나는데, 각 수술방에서 도움을 요청하는 호출 벨을 따라 적게는 1만 보, 많게는 2만 보까지 걷고 뛰다 보면 하루가 쏜살같이 지나간다.

아차. 너무 정신없이 일을 하다 잊고 있었다. 내가 있는 수술 방으로 갑상샘암[1] 환자분이 들어온 순간, 의사 선생님께 가능한 한 빨리 꼭 물어보고 오라던 남편의 말이 문득 기억났다. 갑상샘 전문의 선생님을 만나자마자 보여드릴 게 있다면서 "침 삼킬 때마다 꿀렁거리는 것이 있어요"라며 내 목을 들춰 보여드렸다. 대수롭지 않게 "별거 아니네요."라는 선생님의 반응을 기대하면서 얘기했는데, "음... 초음파 보고 조직검사도 해보는 게 좋을 것 같은데요?"라는 답변을 받았다. 이건 예상하지 못한 반응이었다. 순간 나는 최대한 침착하게 대답하시는 선생님의 목소리 뒤로 감춰진 잔떨림을 알아차리고 말았다.

---

1. 갑상샘 : 갑상선의 표준어. 목 앞쪽에 있는 내분비샘. 갑상샘 호르몬을 분비하여 대사율을 조절한다.

'보통 일이 아닐 수도 있겠구나…'

　머릿속이 복잡했지만 아무렇지 않은 척하려 노력했다. 지금은 일하는 중이니, 나의 개인적인 감정이 올라오지 않게 억눌러야 했다. 오늘 내가 가르치고 있는 신규 간호사의 트레이닝을 잘 마치는 것이 우선이라는 생각이 먼저였고, 그냥 물혹일 수도 있으니 미리 겁먹지 말자는 생각이 뒤를 이었다. 그렇지만 차트를 부여잡은 손이 떨려오는 것은 감출 수가 없었다.

♦

　별일 아니길 바라며, 조직검사를 하기 위해 혼자 씩씩하게 병원을 방문했다. 평소 병원이나 치과 다니는 것을 무서워하긴커녕 좋아했던 나조차도 손발에 땀이 났다. 내가 받은 조직검사는 '세침흡인 검사'였다. 간단하게 말하면 얇은 주삿바늘로 목에 있는 조직을 찔러 병변 세포를 뽑아 검사하는 방법이다. 다만 끔찍했던 것은 마취 없이 정신이 말짱한 상태로 검사를 견뎌내야 한다는 것이다.

　목 전체가 보일 수 있게 베개에 머리를 젖힌 상태로 10분 동안 가만히 있으라고 했다. "차갑습니다"라는 말이 끝나기 무섭게 혹이 있는 부분에 둥글고 넓게 소독약을 바르는 게 느껴졌다. 소독약을 바르는 거즈가 목에 닿는 순간 온몸에 털이 쭈뼛 서는 듯했다. 소독약이 마르자 뒤이어 바로 멸균 포가 덮였다. 평소 자주 맡았던 소독약 냄새지만 그날따라 유독 코를 찌르듯 더 독하게 느껴진 건 불안한 기분 탓이겠다. '환자분들도 이런 기분이었겠구나…' 조금은 상투적인 말로 대했던 게 죄송해지는 순간이었다.

찌잉. 무서워서 힘껏 감고 있던 눈을 잠시 떴는데 머리 위로 초음파 모니터가 등장했다. 머리가 뒤로 젖혀 있으니, 모든 사물이 거꾸로 뒤집혀 보였지만 모니터에 종양처럼 보이는 부위는 유난히 또렷했다. 너무 많이 아는 게 독이었을까? 모니터에서 종양을 보자마자, 바쁘다며 햇반에 라면을 허겁지겁 먹던 남편의 모습이 떠올랐다. '내가 더 잘해줄 걸…' 뜨거운 눈물이 콧등을 타고 흘렀다.

한 번이면 끝날 줄 알았던 조직검사는 같은 부위를 긴 바늘이 계속 오가며 목을 여러 번 헤집을 때까지 이어졌다. 상상 이상으로 아픈 탓에 나도 모를 신음이 새어 나왔는데, '움직이면 성대가 다칠 수 있으니 소리 내거나 침도 삼키지 말라'는 말이 떠올라 바로 주먹을 꽉 움켜쥐며 몸에 힘을 주어 참았다. 순간, 운명을 거스를 수 없는 수술대 위 실험용 쥐가 된 기분이었다.

그것은 생전 처음 느껴보는 공포였다. 이번에는 눈에서 차가운 눈물이 또르르 흘러내렸다. 나는 무서움을 잠시라도 잊어보려 움켜잡을 곳을 찾았다. 하지만 내가 잡을 수 있는 유일한 것은 내 양손뿐이었다. 이 고통을 얼른 거둬주시길 기도하는 마음으로 손깍지를 꽉 움켜잡고 속으로 외쳤다.

'하나님, 도와주세요…'

얕은 숨을 내뱉으며 이 시간이 무사히 지나가기만을 기도했다. 숨소리가 안정을 되찾고 나서야 초음파 모니터로 시선을 옮겼다. 초음파상에서도 내 동그란 혹을 파고들며 움직이는 바늘이 보였다. 내가 잘못 움직여 성대를 찔리게 되면 응급상황이 된다는 것을 잘 알고 있어서, 온 힘을 다해 가만히 있으려 애썼다. 고통스러워도 참는 것 말고는 내가 할 수 있는 것이 없었다. 얼마 동안 꾹 참고 버텼더니 바늘이 내 목을 빠져나가는 게 느껴졌다. '살았다'며 몸을 일으키려는데 선생님의 굳센 손이 내 어깨를 짓누르며 말했다.

"반대편도 하셔야 해요~" 또? 그 힘든 걸 또 해야 한다니... 결국 나는 두려움 반 서러움 반으로 오열했다. 하지만 투정이 통하지 않는다는 걸 알았기에 나는 체념하듯 몸을 돌려 누웠다. 매번 환자에게 주사를 놓는 입장이다가 반대로 찔리는 입장이 되니, 한 번 더 해야 한다는 그 말이 마치 남자들이 재입대하는 악몽을 꾸는 것처럼 느껴졌다. 싸이는 위대한 가수임에 틀림없다.

♦

당시에는 몸의 면역력이 전반적으로 다 떨어졌는지 입술 주변에 포진이 나기 시작했다. 입술 전체에 포진이 퍼져 연고를 바르면 입술이 하얗게 덮일 정도였다. 오죽하면 그런 내 모습을 보고 '혼자 몰래 생크림 빵을 먹었냐?'며 남편이 놀릴 정도였다. 검사가 끝난 이후에도 어김없이 바쁘게 일을 했지만, 틈만 나면 조직 검사 결과에 대한 궁금함이 머릿속을 들락날락했다. 하루라도 결과를 더 빨리 알고 싶었다. 일주일 뒤 나온다는 결과를 기다리기엔 내 눈앞에 있는 컴퓨터 모니터가 '나를 이용해, 어서!' 검색해서 확인해 보라며 손을 흔드는 것처럼 보였다. 그렇게 나는 안절부절못하다 결국 참지 못하고 검색창에 나의 환자 번호를 입력하고 말았다.

검사 결과는 갑상샘 유두암(Papillary Carcinoma)[2]. 내가 아는 단어가 맞나? 의심부터 들었다. 내가 잘못 본 게 아닌지, 내 환자 번호가 맞는지? 다시 확인해야 했다. 도무지 이 상황을 믿을 수가 없었다. 500타를 넘기던 나는 독수리 타법으로 내 환자 번호를 꾹꾹 눌러가며 천천히 다시 입력했다. 그러나 몇 번을 확인해도 결과는 똑같았다. '설마'하는 마음으로 몇 번을 다시 해봐도 모니터의 결과는 바뀌지 않았다. 이내 새로고침 누르기를 멈추고 고개를 떨구었다. 순간 나의 손을 거쳐 갔던 수많은 암 환자들의 수술 과정과 고통스러워하던 회복 과정들이 머릿속을 스쳐 지나갔다. 뭐라고 표현할 수 없는 그 감정…

머릿속은 하얘졌고, 다리에 힘이 풀려 그 자리에 주저앉아 하염없이 눈물을 쏟았다. 가족력도 없었던 우리 집에, 그것도 가장 젊은 내가 암이라니 믿을 수가 없었다. 억울했다. 평소에 술이나 담배를 하는 것도 아니었고, 음식도 골고루 잘 먹으면서 운동도 열심히

---

2. 갑상샘 유두암(Papiiary Carcinoma): 갑상샘에 발병하는 암종. 갑상샘종양 중 악성은 양성의 약 1/5이며, 악성의 대부분은 암(갑상샘암)이다. 갑상샘 유두암은 갑상샘암의 약 70%이며, 40세 미만의 여성에 많다. 증식이 완만하고 긴 경과를 거치며, 림프행성 전이를 주체로 한다. 전립샘암처럼 잠재암이 많다.

했는데 '왜 이런 일이 나에게 생겼지?'라는 생각이 스쳐 지나갔다.

게다가 이미 부서 내에도 갑상샘 질환을 앓고 계신 선생님들이 계셨고, 갑상샘암으로 수술을 하신 선생님도 계셔서 병원에서 일하면서 나도 모르게 방사선에 많이 노출된 건가 싶었다. 어릴 적에 요오드 섭취를 많이 하게 되면 갑상샘암이 발생할 수도 있다던 말도 떠올랐다. 미역을 너무 좋아했던 게 원인이었을까, 아니면 내가 배 속에 있을 때 엄마가 해조류를 많이 드셨던 걸까 별별 생각이 머릿속을 복잡하게 채웠다. 뭐가 됐든 나를 억울하게 만든 이놈의 원인을 찾아서 어떻게든 탓하고 싶었다.

이 억울한 마음을 달랠 방법은 원인을 찾아서 내 안에 차오르는 분노와 억울함, 속상함과 짜증 나는 감정을 퍼붓는 것으로 생각했다. 그런데 그 대상을 찾으면 찾을수록 어차피 해결되지 않는 이 상황이 나를 더 불안하게 만들고 의기소침하게 만들었다. 누군가를 탓한다고 상황이 달라지는 것은 아니었다. 그렇게라도 내 마음이 조금 후련해지길 바랐던 것뿐이었다. 이 와중에 내 마음을 찔리게 하는 고린도전서 10장 13절 말씀이 생각났다.

"사람이 감당할 시험 밖에는 너희가 당한 것이 없나니 오직 하나님은 미쁘사 너희가 감당하지 못할 시험 당함을 허락하지 아니하시고 시험 당할 즈음에 또한 피할 길을 내사 너희로 능히 감당하게 하시느니라"

지금 이 말씀을 왜 생각나게 하시는지 이해되지 않았다. 하나님은 내가 이 상황을 잘 이겨낼 것으로 생각하시는 걸까? 솔직히 너무 출근하기가 싫을 때마다 교통사고가 나거나 심한 장염에 걸려 입원해서 쉬다가 퇴원해도 될 만큼만 아파보고 싶다고 생각한 적이 있었다. 그렇지만 건강해도 너무 건강해서 지난 25년간 입원 한 번 해본 적 없던 내가, 암이라니! "이거 제가 감당할 수 있는 시험 맞는 건가요?"라며 계속 묻고 또 물었다.

저 굉장히 이성적인 사람이에요

검사 결과를 알게 된 순간, 가장 먼저 이 소식을 알린 사람은 첫째 언니였다. 언니는 같은 간호사라서 나의 병을 가장 빠르고 객관적으로 이해할 수 있고, 앞으로의 상황을 담담히 도와줄 지원군이 필요했다. 가장 걱정된 건, 엄마가 이 사실을 알게 됐을 때 너무 놀라지 않을까 하는 것이었다. 차마 내 입으로 "막내딸이 암이래."라고 사실을 말하기에는 입이 떨어지지 않을 것 같았고, 담담해 보이고 싶은데 입도 떼기 전에 참지 못한 울음이 터져버릴까 두려웠다. 그래서 언니가 대신 내 소식을 전해줬으면 좋겠다며 도움을 청했다.

내 이야기를 들은 언니는 본인도 매우 놀랐음에도 생각보다 차분하게 엄마에게 본인이 얘기하겠다고 했다. 한시름 놓는 기분이었다. 여러 가지 복잡한 감정이 조금 추슬러지니 내 안의 이성적인 감각들이 작동하기 시작했다. 그래서 먼저 보험설계사에 연락했다. 현재 갑상샘암 진단을 받았고 앞으로 치료 계획이 이러이러하게 될 것 같은데 보험 청구가 다 가능한지, 어떤 서류가 필요한지 확인했다. 이 상황을 잘 해결해야 한다는 생각이 컸는지 마치 일하듯 움직였다. 같이 일하던 동료 후배가 이런 내 모습을 보고 "선생님 정말 T(이성적인 사람)네요? 저였으면 이 상황에서 일 못했어요"라고 했다.

이미 상황은 벌어졌다. 어쨌든, 어떻게든 해야 하는 일이라면 정확하게 알고 준비하는 것이 좋다고 생각했다. 평소에도 감성적인 사람이기보다 일 중심이었기에, 다른 것보다 앞으로의 치료 과정과 재정적 문제를 해결해야 한다는 것에 초점을 둘 수 있었다. 그리고 뒤늦게 깨달은 것은, 문제 해결도 중요하지만, 이런 상황에서는 더더욱 나의 감정도 잘 돌봐야 했다는 것이었다.

친언니의 도움으로 엄마에게 알려야 하는 부담은 해결됐는데, 나의 가장 가까운 가족인 남편에게 전할 일이 남아 있었다. 남편에게 언제, 어디서, 어떻게 말해야 할지 고민이 되었다. 남편은 요즘 내 건강 상태가 걱정됐는지 이브닝 근무 끝나고 편히 퇴근할 수 있도록 먼 길을 데리러 와줬다. 검사 결과를 알게 된 날도 어김없이 남편이 데리러 오기로 했는데, 내가 암이라는 소식을 전해야 한다는 사실에 마음이 무거웠다. 하지만 최대한 울지 않기로 마음먹고 담담히 이야기를 전하는 것을 목표로 했다.

평소와 다름없이 차에 타서 오늘 있었던 일상적인 이야기를 나누다 보니 벌써 집에 거의 다다랐다. 이런저런 이야기를 나누다 편안해진 덕분인지 아무렇지 않게 진짜 해야 할 이야기를 꺼낼 수 있을 것 같은 용기가 생겼다.

"아니, 내가 계속 검사 결과가 궁금해서 확인해 봤는데…"
"결과 봤어?" 백미러를 향해 있던 남편의 시선이 고개를 획 돌려 나에게 던져졌다.
"응… 오늘 드디어 조직검사 결과가 나왔더라고. 악성이래. 악성종양."
"아… 진짜…? 그럼 앞으로 어떻게 해야 한대?"
"아마 수술을 해야 할 것 같아. 우선 이번 주 금요일에 외래 진료를 가면 교수님이 자세한 상황을 알려 주실 것 같아."

강해져야 하는 날들 앞에 약한 모습들을 들키기 싫어서였을까. 둘은 자연스레 각자의 창밖을 바라봤다.
"야경 좋다…"
평소에 잘 하지 않던 야경 칭찬에 남편도 한마디 거들었다.
"그러게… 예쁘네…"
그날의 차분한 저녁 공기가 우리의 마음을 진정시켜 주었는지 다행히 남편도 나의 감정이 요동하지 않을 정도로 적당한 반응을 보였다. 덕분에 생각보다 차분하게 이야기를 이어갈 수 있었다. 정말 다행이었다. 여느 때처럼 자기 전까지 이런저런 소소한 대화를 나누다가 기분 좋게 잠들었다. 나중에 알고 보니, 남편은 악성종양이 암인 줄도 몰랐다고 했다. 악성? 아 나쁜 거구나? 시술 정도 해야 하는 건가? 정도로만 생각했다고.

어릴 적부터 남편은 아파봤자 체하거나, 감기에 걸리는 정도였다고 했다. 심지어 군대에서도 병원 한 번 가본 적 없었다던 남편은 내가 암이었다는 걸 알고 너무 놀랐다고 했다. 생각해 보니 나도 '악성'이라는 표현을 너무 별것 아닌 것처럼 무덤덤하게 말해서 더 헷갈렸겠다 싶었다. 다른 한 편으로는 상한 갈대를 꺾지 않으시는 예수님께서 살얼음판 같던 나의 심정을 아시고, 남편이 조금 나중에 깨달을 수 있도록 눈과 귀를 잠시 가려주셨던 게 아닐까? 생각했다.

♦

검사 결과를 들으러 외래 진료를 갔던 날, 교수님께서 내가 검사 결과를 미리 확인했다는 것을 알고 있다는 듯 말씀하셨다. "암인 것은 이미 알 테고, 앞으로의 치료 계획에 관해 얘기하자면…" 하면서 입을 여셨다. 종양이 기도 가까이에 자리 잡고 있어 기도까지 전이가 됐다면 큰 수술이 될 수 있다고 했다. 그리고 종양이 비교적 왼쪽에 있어서 반절제도 가능할 것 같지만, 전체 절제를 하게 될 가능성도 70% 정도 된다고 일러주셨다. 전이 여부를 확인하기 위해

CT를 찍어보고 최대한 빨리 수술하는 것이 좋을 것 같다고 했다. 젊은 나이에는 신체 대사 작용이 활발해 암의 진행 속도가 빨라서 다른 조직에도 전이가 될 확률이 높기 때문이었다.

갑상샘 전체 절제를 하는 경우, 앞으로 평생 갑상샘 호르몬 약을 먹으며 살아야 한다. 갑상샘이 반쪽이라도 있으면 호르몬을 유지할 수 있는데, 다 제거하게 되면 하루도 빼놓지 않고 평생을 약을 먹으면서 지내야 하니까 반쪽이라도 살리고 싶었다. 내가 이 상황이 되니 70%라는 확률보다 30% 확률에 희망을 걸고 싶었다. 지푸라기라도 잡는 심정이라는 말은 이럴 때 쓰라고 있는 건가보다.

생각보다 빠르게 수술 스케줄이 잡혔고, 동시에 마지막 근무일이 정해졌다. 내 소식을 접한 동료들이 하나둘씩 걱정스러운 시선으로 조심스럽게 괜찮냐며 물었다. 나를 위로하는 사람들에겐 걱정 끼치기 싫어 괜찮은 척했지만, 내 병을 가볍게 여기고 하는 사람들의 말에는 조금 기분이 언짢아지기도 했다. 으레 말하길 갑상샘 암은 생존율 200%이니 걱정하지 말라고 격려차 말하는 사람들도 있었는데, 당사자에게 암은 그냥 암이었다. 당시에는 속 좁은 사람처럼 보이기 싫어 웃고 넘겼지만, 집에 혼자 있다 보면 문득 차오르는 감정을 억누르지 못하고 입 밖으로 내뱉기도 했다.

"남의 얘기라고 막 말하네"

아프기 전에는 보이지 않던 것들이 비로소 보이기 시작했다. 작은 상처처럼 보이는 일이 누군가에는 큰 아픔일 수 있다는 사실. 사람의 경험은 한정적이고, 그 상황에 들어가지 않으면 모르는 부분들이 있다. 그래서 앞으로 내 선에서 판단하고 가볍게 내뱉는 말은 없어야겠다고 다짐했다. 감정이 격해져서 그랬을까. 그러면 안 되지만, 남의 아픔을 가볍게 말했던 사람들도 아파봤으면 좋겠다고 생각한 적도 있다. 아니면 그들의 소중한 사람이 아파서 나의 속상하고 억울한 마음을 알길 바랐다. 내 안에 점점 나쁜 마음이 차올랐고 분노가 새어 나오기 시작했다. 이상하다. 나 분명 이성적인 사람이었는데. 나도 모르는 사이 이성의 벽이 무너지고 그곳에 부정적인 감정이 쌓이기 시작했다.

◆

담담하게 받아들이고 있는 줄 알았는데, 수술 날짜가 다가올수록 내 안에 불안과 초조함이 올라왔다. 인생 처음으로 하는 수술이 암 수술이라니. 사실 두렵고 떨리는 게 당연한 건데 참는 게 익숙해서 그동안 스스로를 속이고 있었다는 걸 깨닫게 되었다.

나는 세 자매 중 늦둥이 막내로 태어났다. 그래서 내가 7살이 되던 무렵부터 부모님은 맞벌이를 시작하셨다. 부모님께 걱정을 끼치지 않는 것이 내가 부모님을 기쁘게 하는 방법이라고 생각했다. 학부모 상담 기간에 엄마가 학교에 오시면 늘 선생님은 "소정이는 스스로 너무 잘하고 있으니 걱정 마세요, 어머니"라고 말씀하셨다. 그런 나를 자랑스럽게 여기던 엄마의 목소리에 나도 뿌듯함을 느끼곤 했다. 그렇게 나는 일찍 철이 들어버렸다.

잘 견디고 이겨내는 모습을 보여서 주위 사람들을 안심시키고 싶었다. 괜찮다는 태도를 유지하다 보면 내 마음도 괜찮아질 줄 알았다. 그런데 완전히 해결되지 않은 감정은 어느새 불쑥 다시 올라왔다. 수술하기 전, 모든 게 두려웠지만 마취에서 깨는 과정을 겪는 게 가장 무서웠다. 매일 하는 일이 환자를 마취하고 깨우는 일이라, 그 과정을 너무 잘 알았다. 많이 아는 탓에 무서움이 더 크게 다가왔다. 마취 약을 쓰면 잘 기억이 안 난다고 하긴 하지만 직접 경험해보지 않았으니 내게 그것은 미지의 세계였다.

환자들은 수술하는 동안 자가 호흡을 하지 않는다. 입안에 플라스틱 튜브를 넣어 기계가 나 대신 호흡을 돕는다. 깨울 때 어느 정도 자가 호흡부터 환자의 의식이 순서대로 돌아와야 안전하게 튜브를 뺄 수 있다. 입안에 관이 있는 상태에서 숨을 쉬어야 한다는 것도 너무 끔찍할 것만 같았다. 거기다 가끔 깨울 때 욕을 하거나 몸부림을 심하게 치는 환자도 있었다. 무의식중에 내가 그런 환자가 될까 봐 두려웠고 무슨 짓을 할지 몰라 무서웠다. 차라리 이 모든 과정을 몰랐다면 그냥 하라는 대로 따라갔을 텐데, 아는 게 많으니, 모든 게 다 걱정을 더 할 뿐이었다.

주위 사람들의 기도 덕분이었을까? 가장 걱정했던 전이 소견이 보이지 않았다. 바라던 대로, 갑상샘 반절제만 해도 될 것 같다는 소식을 듣고 수술에 들어갔다. '그래. 반절제 정도면 사람들 말처럼 별거 아닌 경험했다 치고 예전처럼 지낼 수 있을 거야.'란 생각에 기분이 좋았다. 희망이 보였다.

수술실에 들어가는 것은 생각보다 크게 두렵지 않았다. 매일 일했던 나의 일터이니만큼 익숙했고, 동료들의 관심과 위로를 받으며 수술할 수 있음에 감사했다. 물론, 그럼에도 긴장되는 건 어쩔 수 없었다. 수술대에서 누우면 낙상 예방을 위해 다리와 양팔을 고정하고 모니터링을 위한 장치들을 몸 곳곳에 부착한다. 양팔을 벌리고 다리를 모아 누워있으면 마치 십자가 모양이 된다. 하나님께서 이 순간 지키시고 계시다는 것을 온몸으로 느꼈다. 산소포화도 장치가 연결되는 순간, 수술 방에는 나의 심장박동수에 맞춰 삐-삐-삐-삐- 소리가 울려 퍼지기 시작했다.

마스크 속 산소가 내 입가를 맴돌고 수액이 혈관을 타고 빠르게 통과돼 주사 놓은 팔이 차가워지는 느낌이 났다. 이때 생각나는 한 분, 하나님. 전지전능하신 나의 아버지께 모든 걸 맡길 수밖에 없는 상황이었다. '하나님! 수술하는 의사 선생님의 손을 온전히 주관해 주시고 전이 없이 잘 제거하고 끝날 수 있게 해주세요. 혹시라도 제가 원하는 결과가 나오지 않아도, 잘 받아들이고 이겨낼 수 있는 힘을 주세요.' 기도를 마칠 즈음 나는 잠이 들었다.

수술 후, 회복실에서 남편을 보자마자 나는 가장 먼저 "나 반절제했어?"라고 물었다고 한다. 마취가 덜 깬 상태에서도 가장 궁금했던 부분이 이거였나보다. 또렷하게 기억나지는 않지만, 고개를 절레절레 흔드는 남편의 얼굴을 보고 주체할 수 없이 눈물이 나왔던 것 같다. 그리고 나의 어슴푸레한 기억이 맞았다는 걸 증명하듯 마취가 풀리면서 차갑고 축축하게 젖어버린 베개가 서서히 느껴졌다. 그리고 온몸이 저려오기 시작하는 게 느껴졌다. 도저히 혼자 몸을 가눌 수 없어 남편이 오래도록 주물러줘야만 했다.

회복실에 근무할 때, 갑상샘암 환자분들에게서 가장 많이 들었던 질문을 나도 묻게 될 줄이야! 이제야 왜 마취에서 깨어나자마자 그 사실을 그렇게 확인하고 싶어 했는지 알 것 같다. 이것은 그들의 인생이 걸린 문제였다.

남편은 늘 최악의 상황을 생각해서 마음의 준비를 하는 성격이었고 나는 최대한 잘될 확률에 희망을 거는 편이었다. 그런데 수술대에 누워 기도했던 것은 하나도 생각나지 않았다. 막상 안 좋은 상황이 겹쳐서 생기니, 너무 강력한 태풍을 맞은 것처럼 두 발로 제대로 서 있을 수 없을 정도로 휘청거렸다. 마음이 준비되지 않은 탓이다.

제발 나 좀 내버려둬

감사하게도 기술이 발달해서 로봇수술로 치료할 수 있었다. 외관상 잘 보이지 않는 겨드랑이와 가슴선을 최소한의 절개로 수술

했고, 덕분에 겉으로 보기에는 이전과 크게 달라지지 않았다. 하지만 수술 후, 병동에 돌아가자마자 마약성 진통제의 후유증으로 첫 저녁 식사를 보자마자 구토가 나왔다. 거기다 갑상샘을 떼어내면서 찾아온 몸의 일시적인 칼슘 부족으로 손이 덜덜 떨렸다. 사시나무 떨듯 떨리는 손을 멈추게 하려고 다른 손으로 힘껏 잡아봤지만, 떨림은 나아지지 않았다. 어딘가 고장 난 것 같은 낯선 내 모습을 있는 그대로 받아들이기 쉽지 않았다. 심지어 수술 부위에 느껴지는 통증 때문에 누군가 계속 목을 조르고 있는 듯한 느낌이 들었다. 잘 때는 그 증상이 더 심해지는 바람에, 자다가 깨서 울기도 했다.

수술 이전에 잘 적응할 수 있다며, 한번 이겨내 보겠다고 다짐했던 것이 무색하게 나는 처참히 무너졌다. 퇴원 후, 남편은 똑바로 눕기 힘든 나를 간호하고, 기분을 맞춰주기 위해 위로의 말과 행동을 하기도 하고, 설교와 동기부여 영상을 열심히 보내주면서 내가 회복할 수 있도록 도왔다. 그런데 나의 귀에는 그것들이 하나도 들리지 않았다. 남편은 자꾸만 다운되는 내 기분을 높이기 위해 최후의 방법으로 맛집에 가서 기분을 풀어주려고 했다.

오랜만의 기분 전환으로 좋아지는 듯싶었으나 또다시 우울함이 몰려왔다. 나의 회복에 도움이 되고자 건넨 남편의 말들은 다 좋고 옳은 말이었지만, 들을 귀 있는 자가 듣는다고 했던가. 내가 느끼기엔 현재 나의 상황을 이해하지 못한 채 이겨내라고 강요하는 것처럼 느껴졌다. 현재 내가 얼마나 우울하고 힘든지 부정적인 말들을 나열했고 내 마음을 알아차려 달라고 호소했다. 그리고 시간이 지나면 점차 좋아질 것이니 제발 나 좀 내버려두라고 얘기했다.

몸이 마음대로 되지 않으니, 신경이 날카로워졌다. 게다가 나는 아프니까, 이렇게 예민하게 굴고 감정조절이 되지 않는 이유가 합당하다고 합리화했다. 폭주하는 내 모습에 계속 참아오던 남편도 더는 안 되겠는지 나지막이 말을 내뱉었다. "내가 지금까지 사람들과의 관계 속에서 훈련받아 온 이유가, 여보의 이런 아픔까지 품을 수 있도록 그릇을 키워주셨던 것 같아. 그러니 마음껏 슬퍼해도 좋아. 그런데 나도 정말 힘들 때는 이런 생각을 하게 돼."

'그래서... 나는 언제쯤 위로 받을 수 있지?'

분노 속에서 발악하던 내 마음을 녹인 것은 다름 아닌 남편의 인내와 넓은 사랑이었다. 자신의 감정은 꾹꾹 누른 채 웃으며 나에게 넌지시 말을 건네는 남편의 목소리가 미세하게 떨렸다. 그제야 남편의 웃음 뒤로 숨겨둔 나로 인해 쌓여버린 외로움, 고통과 슬픔이 고스란히 느껴졌다.

내 몸이 아픈 것이니 나만의 문제라고 생각했고, 나만 견디면 되는 일이라고 생각했다. 하지만 이제는 나 혼자만의 문제가 아니었다. 우리는 부부라서, 내 부정적인 감정과 힘듦이 남편에게도 고스란히 전달되고 있었고, 남편도 동일하게 견디고 있었던 것이었다. 오히려 남편은 환자가 아닌 보호자여서, 주변에서 '네가 더 힘내야

해. 그래야 소정이가 힘나지'라며 남편을 다그쳤을 것이다.

  수술을 받고 나서, 나만 왜 이렇게 힘든 일을 겪어야 하는지 억울하다고 생각했다. 그런데 남편 또한 온 힘을 다해 버티고 있었다. 어쩌면 나보다 더 힘을 내고 있었을지 모르겠다. 이제는 내가 다시 힘을 내야 하는 이유가 생겼다. 나의 가정과 주변 사람들을 지키기 위해서라도 다시 일어나야 했다. 우울의 바닥을 찍을 때까지 기다리는 것이 아니라 한계선을 내가 정하고 다시 딛고 올라가면 되는 것이었다.

차라리 내가 아팠으면 좋았을 텐데

  아내가 악성종양이라고 했을 때, 솔직히 그게 암을 뜻하는 말인지 몰랐다. 그게 암이라는 것을 알게 됐을 때도 아내가 장난을 치는 거로 생각했다. 늘 그렇듯 익살스러운 표정을 지으면서 "뻥이지롱~" 해야 하는데, 왜 이틀이 지나고 사흘이 지나도 농담이라고 말하지 않을까 생각했다. 시간이 지날수록 점점 우울해하는 아내의 모습을 보고 나에게도 점점 불안한 감정이 몰려왔다.

  사실 인정하기 싫은 마음이 더 컸다. 악성종양? 처음부터 그 단어 자체에서 느껴지는 기분 나쁜 느낌을 온 힘을 다해 회피하고 있었다. 아내가 아프다는 사실을 인정하고 싶지 않았던 것 같다. 이렇게 젊은데, 암에 걸렸다는 말은 주변에서 찾아볼 수 없는 이례적인 상황이었기에 더더욱 믿을 수 없었다. 나는 웬만하면 어떤 상황에서든 빠르게 인정하고 해결책을 찾으려는 편이다. 그런데 이번엔 그렇지 못했다. 많이 양보해서 '물혹 정도겠거니' 생각했던 나의 얕고 교만한 시나리오는 단숨에 엎어졌다.

그제야 암이라는 병이 왜 발생하는지, 암을 낫게 하는 좋은 음식과 습관은 무엇인지, 옆에서 도와주는 역할로는 어떤 것들을 해야 할지 찾아보기 시작했다. 소 잃고 외양간 고치면 좀 어떤가? 지금이라도 건강을 잘 챙기기 위한 방법을 찾아야 했다. 그래야 다음에는 이런 일이 발생하지 않을 것으로 생각했다. 무엇보다 긍정적인 마음가짐이 너무 중요했다.

하지만 특별히 아픈 적도 없던 사람이 암에 걸렸으니, 지금은 식습관을 바꾸고 운동하는 것보다 더 매달려야 할 것이 따로 있었다. 지금 이 순간, 진짜 의지해야 할 것은 나를 사랑하시고 아내를 사랑하시며, 직접 설계하셨고 빚으신 아버지의 손길이었다. 그 어느 때보다 말씀에 의지해서 이 어려움을 잘 이겨내야만 했다.

결혼하면 믿음의 가정으로 잘 세워보자고 했었다. 그런데 결혼 이후, 변화된 삶에 적응하고 주변 지인들을 신혼집에 초청하는 등 사람들과의 시간에 집중하느라 부부로서 하나님께 온전히 예배하는 시간이 부족했다는 것을 깨달았다. 정신이 번쩍 들었다. 그리고 그제라도 함께 기도하기 시작했고, 일주일에 한 번씩 가정 기도회를 이어가게 되었다.

♦

  수술 전날, 입원 준비를 위해 함께 병원에 갔다. 아내는 나름 씩씩한 척했지만, 다시 집으로 돌아가야 하는 나를 붙잡았다. 농담 반 진담 반으로 가지 말라며 내가 돌아가지 못하게 막기도 했다. 나에 대한 의존도가 높아진 아내의 모습을 보면서, 많이 불안해하고 있다는 게 느껴졌다. 입원 당시, 코로나19로 인해 입원 당일에 3시간 정도만 같이 있을 수 있었다. 어쩔 수 없이 아내를 혼자 두고 집으로 가야만 했던 나는 주춤주춤… 몇 발짝 걷지도 못하고 몇 번을 뒤돌아봤는지 모르겠다. 하지만 내일 수술이 잘될 테니까, 걱정하지 말라며 아내를 다독이고 돌아왔다. '우리 집이 이렇게 컸나…?' 따듯한 온기를 가진 아내의 빈 자리가 너무나 큰 밤이었다. '푹 자~'라는 인사 메시지를 보낸 후에도 나는 내가 도울 수 있는 것들을 찾다가 모니터 앞에서 밤을 지새웠다.

  다음 날 아침. 수술실에 들어가기 전, 아내와의 짧은 영상통화를 마치고 보호자 대기실에서 수술이 무사히 끝나기만을 기다렸다. 화면에 완전하지 못한 아내의 이름이 나왔다. '이O정 수술 중.' 밤새 어떻게 도울 수 있을지 궁리했지만, 이 순간 내가 할 수 있는 거라고는 아내의 이름을 놓고 하나님 앞에 기도하는 것뿐이었다. 함께 앉은 사람들이 울고 있는 나를 어떻게 볼지 신경 쓸 겨를 따위 없었다.

투둑. 툭. 쏟아지는 눈물이 무릎을 짚은 두 손 위를 덮었다. 떨리고 두려운 마음을 애써 견디며 하나님께 흐느껴 매달렸다. 분초마다 아내 이름이 띄워진 화면을 하염없이 바라보고 있을 때, 아내의 병원 동료가 문자로 진행 상황을 알려줬다. 문자를 통해 안타까운 소식도 전해 들어야만 했다. 수술 중 조직검사를 했는데 주위 림프조직에 전이 소견이 있어, 결국 갑상샘 전체를 제거해야 한다는 소식이었다. 아내가 가장 걱정하고 두려워하던 일이 일어나버렸다. 이 사실을 어떻게 전해야 할지 벌써부터 막막했다.

멸균 수술용 모자와 가운을 입고 회복실에 들어서자, 아직 마취에서 깨지 않아 비몽사몽인 아내의 모습이 보였다. 얼마나 고생했을지... 잘 이겨낸 아내가 기특하다고 생각한 순간, 눈시울이 붉어졌다. 아니나 다를까, 아내는 눈을 뜨자마자 갑상샘을 반 절제했는지 먼저 물어봤다. 아내를 안심시키기 위해 거짓말을 할 수도 없었고, 사실대로 말하자니 아내가 실망한 모습이 그려져 머뭇거렸다. 차마 입이 떨어지지 않아서, 말로는 하지 못하고 고개를 가로저었다. 나는 복잡한 표정과 함께 아내의 눈을 바라보았다. 이미 내가 머뭇거리는 것을 보고, 그 의미를 알아버린 아내는 제대로 나오지도 않는 목소리로 윽... 윽... 소리를 삼키며 울었다. 그 모습을 보고 있는데 아무것도 할 수 없는 나 자신이 너무 한심했다. 미안한 감정이 몰려와 아내를 부둥켜안고 함께 소리 내 울었다.

하나님과 함께했던 나만의 고백과 다짐

내가 아는 아내는 힘든 상황이 생기면 바닥에 완전히 떨어질 때까지 자신을 내버려둔다. 나쁜 감정과 우울한 마음을 계속 키우고 키워서 완전히 바닥을 쳐야만 '내려올 만큼 내려왔으니 이제 올라가 볼까?' 하며 다시 자신을 챙기는 사람이었기 때문이다. 하지만 이번에 새롭게 알게 된 사실은, 이번처럼 거대한 사건으로 인해 생겨난 바닥은 보이지 않을 정도로 깊은 곳에 존재한다는 것이었다. 그래서 완전히 내려갔다가 올라오기까지 훨씬 더 많은 시간이 필요했다. 그것은 이제껏 경험하지 못한 우울과 더 깊은 암흑을 마주해야 한다는 뜻이었다. 더 무서운 것은, 그것이 얼마나 깊은 곳에 있는지 본인조차 알 수 없다는 데 있었다.

수술 후 첫 건강검진 차 병원을 다녀왔다. 아내는 이상하게, 전보다 몸이 추위를 많이 느꼈고, 더불어 알 수 없는 우울감까지 몰려왔다고 했다. 들어보니, 의사 선생님의 "앓고 있는 지병이 있냐?"는 질문에 자기 입으로 "갑상샘암 전절제 수술을 했고, 약을 먹고 있다"라고 이야기해야 했던 게 이유였다. 스스로 그렇게 말하면서 "저는 이제 정상이 아니고 평생 갑상샘 호르몬 약이 없으면 살 수 없는 사람이에요"라고 인정하는 것 같았다며, 나에게 다시 말하면서도 울먹거렸다. 체력도 떨어지고, 우울감까지 안고 있는 아내의 입에서 긍정적인 단어는 찾아볼 수 없었고 매일 눈물을 달고 살았다.

나로서는 앞이 뻔히 보이는 이 상황을 어떻게든 막아내야만 했다. 우울해하는 아내를 그대로 둘 순 없었다. 아내를 집어삼킨 부정적인 생각들을 긍정적인 에너지로 전환해줘야겠다고 생각했다. 아내의 기분이 다운되어 보이면 이런저런 농담으로 기분을 풀어주고, 짧고 따뜻한 책이나 동기부여 영상을 찾아 수시로 찾아 공유했다. 또 수많은 말씀을 공유하면서 최선을 다해 아내의 '바닥 치기 프로젝트'를 막아내려 애썼다. 하지만 역시 쉽지 않았다.

　그러다 문득, 수많은 설교와 동기부여 콘텐츠를 통해 알게 된 감사 일기가 떠올랐다. 그리고 10년간 감사 일기를 쓰고 계신 멘토를 통해 그것의 순기능을 직접 보고 들을 수 있었기에, 아내에게도 같이 해보자며 적극 추천할 수 있었다. 매일 조금씩 일상에서 감사함을 찾아가기 시작했다. 그리고 잔잔하지만 분명하게 감사함은 아내에게 스며들고 있었다. 아… 밑 빠진 독에 물 붓는다는 게 이런 것일까? 아내의 컨디션에 따라 기분이 좋아졌다가 다시 와르르 무너지기를 반복했다. 나의 노력에 열심을 내다가도 갑자기 자신을 그냥 좀 내버려두라고 화를 내곤 했다.

　크리스천으로서 잘 이겨내 보자고, 기도하면서 마음이 평안해졌다며 간증을 쏟아내던 모습은 온데간데없었다. 내가 너무 속상했던 것은, 그저 자신의 감정이 흘러가는 대로 내버려두는 모습이었다. 그런데 이런 아픈 경험이 없는 내가 속상하다거나 서운하다고 말했다간 서로의 감정을 더 상하게 할 것 같아서 꾹꾹 참아냈다.

한 번은 아내가 좋아할 만한 맛집을 찾아가 보기로 했다. 기분 좋게 이것저것 시키며 즐거운 대화를 이어갔다. 아무런 방해 요소 없이 맛과 분위기를 즐기면 되는 자리였다. 갑자기 아내는 부정적인 생각과 말을 꺼냈다. 그동안의 내 노력이 또다시 물거품이 되는 듯했다.

순간 나 스스로 초라하고 불쌍하게 느껴졌다. 크리스천이고 뭐고, 어떻게든 부정적인 생각과 말을 꺼내 놓는 이 여자를 보며 '나도 사람이라 너무 힘들 때가 있는데... 도대체 나는 언제쯤 이 사람에게서 위로를 얻지?'라는 생각이 들었기 때문이었다. 울컥. 화가 나서 언성이 높아지려던 나를 붙잡아준 건, 결혼식 날 남들 몰래 하나님과 약속했던 고백이자 다짐이었다.

'혹시 싸우더라도 절대 비꼬면서 말하지 않겠습니다.'
'혹시 화가 나더라도 절대 언성을 높이지 않겠습니다.'

평생 지켜 나가겠다고 약속했던 나의 고백이 고작 1~2년 만에 무너져버린다면, 앞으로 우리 가정이 너무 불행해질 것만 같았다. 그래서 한 번 더 마음을 가다듬었다. 아내에게 내 진심이 닿기를 바라는 마음으로 솔직하고 차분하게 지금 내가 느끼는 감정을 전했다. "말해줘서 고마워..."라고 답한 아내는 당황한 듯한 표정이었다. 아내가 수술한 이후로 서로가 이렇게 차분하고 솔직하게 대화를 나눠 본 적이 처음이었다. 아마 우리 둘 다, 이런 아픔 앞에서 솔직해지기까지 시간이 필요했었나 보다.

  그제야 아내도 자신이 바닥을 치러 내려가는 동안, 자기 때문에 주변이 힘들어진다는 걸 알게 되었다고 했다. 그리고 생각해 보니 꼭 바닥까지 갈 필요는 없을 것 같다며, 내 이야기를 귀 기울여 들어줬다. 그날 어느 때보다 서로를 제대로 위로했고, 서로의 사랑을 확인할 수 있었다. 아니, 예전보다 또 다르게 그녀를 사랑할 수 있는 방법을 찾은 것 같았다. 그 마음을 허락하신 하나님께 가장 감사했다. 그렇게 아내도 나도 아픈 성장을 했다.

부부의 대화

소정 : 내가 왜 암에 걸렸는지 원인을 아무리 찾아봐도 결국 다 추측뿐이었잖아? 지금 생각해 보니까 억울한 마음을 토해낼 곳이 필요했나 봐. 나는 환자니까, 표현하고 싶은 거 다 해도 되는 줄 알았어. 그때를 생각하면 늘 미안해.

희구 : 아냐 아냐. 내가 다 공감할 수 없어서 미안했어.

소정 : 그래? 나는 혼자였다면 이겨낼 수 없었을 일을, 함께여서 지금처럼 잘 이겨낼 수 있었다고 생각해. 아프고 나니까 하루하루가 더 소중하고 감사하게 느껴지기도 했고.

희구 : 있지. 내가 10년이 넘도록 봐온 이소정은 운동이든, 독서든, '좋은 거'라면 언젠가는 반드시 하는 사람이니까. 이번에도 잘 이겨낼 거라는 믿음이 있었어. 오히려 내가 더 많이 품어주지 못해 미안했지.

소정 : 그랬구나. 나는 오빠도 힘들었다면서 솔직하게 이야기해줘서 '내게도 누군가 기댈 수 있도록, 마음 그릇을 넓혀야겠다'고 기도하기 시작했어. 왠지 그래서 하나님이 내게 이 시간을 허락하셨던 것 같아.

희구 : 나도 분명 이 상황을 겪게 하신 이유가 있을 거로 생각했어. 하나님과 동행하는 우리에게 우연이란 없으니까.

소정 : 맞아. 그래서 하나님께 온전히 예배하는 시간을 확보하려 하고, 일주일에 한 번씩 가정 기도회를 하게 됐잖아.

희구 : 그 시간을 통해서 우리가 기도 제목을 나누고 서로를 위해 기도하는 시간을 쌓을 수 있어서 정말 귀했던 것 같아. 지금까지도 이어오고 있는 가정 기도회를 통해 '너와 나의 비전'에서 머무르지 않고, '하나님이 우리 부부를 통해 행하실 비전'에 초점을 두고 살게 된 것 같아 감사해. 앞으로 자녀가 생기더라도 이것만큼은 우리 절대 놓지 말자.

소정 : 물론이지~ 내가 더 노력해 볼게!

희구 : 아! 그리고 보니 벌써 수술한 지 2년이나 지났네? 지금까지 잘 이겨냈고, 검사 결과까지 아주 좋다고 듣고 나니까 이제야 그간 불안했던 마음이 드디어 좀 안심되고 그러네! 그동안 너무 수고 많았어, 여보~

소정 : 우리 너무 고생 많았다 진짜... 그런데 확실히 암을 치료하는 과정을 경험하면서 내 가치관에도 큰 변화가 생긴 것 같아.

희구 : 어떻게?

소정: 이제까지 나한테 '죽음'은 막연했어. 되게 멀리 있는 거로 생각했고. 그런데 암을 겪고 나니 생각보다 죽음이 멀리 있지 않고, '하루아침에 하나님께서 데려갈 수도 있는 건데 나에게 기회를 주고 계신 거구나' 하는 생각도 들었어.

희구 : 그래서 내일 당장 죽더라도 후회하지 않는 선택을 하고 싶다는 마음이 커졌구나! 이제는 여보가 어떤 변수의 상황에도 의연해진 것 같아. 갑자기 이 찬양이 생각난다!

   나 비록 넘어지며 흔들리지만 주 내 안에 거하며 나를 붙드시니 내 생각을 주께로 돌리고 주시는 평강의 옷을 입습니다. 주 약속 안에서 내 영혼 평안해 내 뜻보다 크신 주님의 계획 나 신뢰해. 두려움 다 내려놓고 주님만 의지해 주 안에서 내 영혼 안전합니다.

– 어노인팅, 「내 영혼은 안전합니다」 중에서

부부의 기도

하나님, 어느새 하나님을 잊고
저희가 삶의 주인 노릇 했음을 회개합니다.

저희 맘대로 되지 않는
상황과 변수에 철저히 무너지면서
하나님을 향한 의심의 마음까지 품었습니다.

하나님은 신실하시고 의로우신 분이심을
저희 부부가 다시 기억하며 나아갑니다.

아버지께서 계획하신 모든 시간을 통해
저희가 배워야 하는 자세와 마음이 있다면
온전히 습득해 나갈 수 있게 해주시고
혹시라도 이 상황을 헤쳐 나갈 힘이
저희 안에 없다면, 능히 감당할 힘을 허락해 주세요.

주 안에서만 저희의 영혼이 누릴 수 있는
평강이 있음을 기억합니다.
우리의 뜻보다 크신 주님을 신뢰합니다.

2
돈에 대한 시선을 하나로 맞추다

나는 돈을 좋아하지 않는 줄 알았다

수술로 암세포가 있는 갑상샘을 절제했지만, 이미 암세포가 림프샘[3]까지 전이된 상태였다. 아직 몸에 남아있을지 모를 암 조직까지 말끔히 제거하기 위해서는 방사선 치료를 해야 했다. 결국 병가를 3개월로 연장했다. 한 달이면 될 줄 알았는데... 한 달 정도는 다시 돌아가도 금방 적응할 수 있을 거로 생각했다. 병가를 써야 하는 기간이 늘어나면서 나는 새로운 불안함과 마주하게 됐다.

'앞으로 나의 커리어는 어떻게 되는 걸까?'

---

3. 림프샘: 림프절의 표준어. 림프관에 있는 둥글거나 길쭉한 모양의 부푼 곳. 림프에 섞인 병원균이 옮겨가는 것을 막는 역할을 한다.

심지어 원래 있던 부서가 아닌 수술실로 출근해야 한다는 연락을 받았다. 업무는 바뀌지만, 다시 수술실로 돌아가야 한다는 사실에 걱정이 끝이지 않았다. 무엇보다 나도 모르는 사이 방사선에 노출될까 봐 겁이 났다. 방사선은 WHO(세계보건기구)에서 지정한 1군 발암물질이다. 수술할 때 X-ray를 지속해서 쏘기도 한다는 게 문제였다. 눈에 보이지 않는 방사선은 '제발 나를 피해가 달라'는 간청을 무시한 채 이곳저곳을 후벼 팔 것이 빤했다.

오래 다니는 건 자신 있었다. 선배 간호사들처럼 앞으로 10년은 거뜬히 다닐 거로 생각했다. 하지만 건강을 잃어보니 그건 나의 바람일 뿐이었다. 이제는 삶의 모든 영역에서 '건강'을 우선으로 생각해야만 했다. 이른 새벽부터 시작되거나 야간부터 다음 날 아침까지 이어지는, 이른바 3교대 근무 일정을 내 몸이 견딜 수 있을까? '생체리듬을 망치는 3교대 근무 형태가 암을 발생시키는 큰 요인이라던데...' 한 번 아프고 나니 모든 상황이 내 건강을 해칠 것만 같은 기분이 들었다.

이전까지 병원 일이 내게 나름 잘 맞는다고 생각했다. 같은 부서에 입사한 동기 5명 중에서 "누가 가장 오래 남을 것 같아?"라고 물으면, 한결같이 "소정이가 제일 오래 있을 것 같아"라는 말을 들을 정도였으니까. 다시 생각해 보면, 간호사 일이 나와 잘 맞았다기보다 잘 해내고 싶은 마음에 어떤 상황에서든 잘 적응하려 했다.

그럼 나는 왜 계속 병원에서 근무하고 싶었을까? 졸업하면 당연히 임상 경력을 쌓아야겠다고 생각했다. 타지 생활은 힘들 테니,

부모님 댁과 가까운 곳에 취업하려고 부단히 애썼다. 운 좋게도 부모님 댁 근처의, 인천에서 제일가는 대학병원에 취업할 수 있었다. '대학병원에 다니는 딸이 있어 자랑스럽다'던 부모님을 보면서 나는 지금 잘살고 있다고 믿고 버텼던 것 같다.

대학병원은 대기업만큼이나 무시할 수 없는 좋은 복지를 제공했다. 몸과 마음이 지치기도 했지만, 차근차근 쌓이는 성취를 통해 느끼는 보람도 있었다. 수술 후, 입원해서 누워있었는데 '소정쌤! 이번에 승진된 거 축하해' 문자가 왔다. 수간호사 선생님이었다. 이상하게 크게 기쁘지 않았다. 이 상황에 승진이 무슨 의미가 있나 싶었다. 그런데 마음 한편에서는 '승진해서 월급도 올랐으니 조금 더 다녀볼까…?' 싶기도 했다. 내가 이렇게 돈에 따라 움직이는 사람이었다니…

◆

나는 '돈에 대한 욕심'이 없다고 생각했다. 말씀을 들을 때마다 돈에 묶이면 안 된다는 메시지를 마음에 새기며, 삶에 적용하려고 무척이나 노력했다. 부모님께 용돈 받을 때는 몰랐다. 이리 치이고 저리 치이는 끝에 돈을 벌 수 있다는 것을. 어느새 "남의 돈 벌기 쉽지 않네"라는 생각이 나를 완전히 집어삼켜 버렸다. '대체 아빠는 이렇게 힘든 직장 생활을 어떻게 20년이 넘도록 할 수 있었을까…' 아빠를 생각하니, 눈물이 서서히 차올라 몽글몽글 맺혔다. 새삼 부모님의 고생하며 키워주신 것에 대한 감사한 마음이 들었다.

취업을 준비하던 중에도 엄마는 늘 내게 "첫 월급을 하나님께 첫 열매를 드리는 마음으로 헌금했으면 좋겠다"고 말씀하셨다. 첫째 언니도 첫 월급을 모두 하나님께 드렸고, 나는 그걸 보고 자라면서 은연중에 당연히 따라야 한다고 생각해 왔다. 그래서 스스로 깊이 고민해 본 적이 없었다. 그저 하나님께 드리는 것이고, 엄마가 원하시니까 그렇게 해야겠다고 단순하게 생각했다.

드디어 첫 월급날. 설레는 마음으로 달려가 통장을 확인했다. 처음으로 '급여'라는 단어와 함께 찍힌 숫자는 아르바이트했을 때 받았던 것과는 차원이 달랐다. 이제 진정한 사회초년생으로 한 발을 내디딘다는 느낌이었다. 한 달간의 지난한 트레이닝 과정이 머릿속에 스쳤다. 눈물 흘리며 버텨온 시간을 포기하지 않고 버틴 나 자신이 너무 대견했다.

뿌듯한 마음도 잠시, 엄마와 하나님께 약속했던 첫 열매를 드리기 위해 은행에 다녀왔다. 미리 준비해 둔 감사 헌금 봉투에 찾은 돈을 넣고 '무사히 한 달을 견딜 수 있게 해주셔서 감사하다'고 기도 제목을 적었다. "소정이가 첫 월급을 전부 헌금했다면서? 어떻게 그런 기특한 생각을 할 수 있어?"라며 담임 목사님과 사모님을 비롯한 교회 어른들이 칭찬을 아끼지 않으셨다. 칭찬 감옥 속에 갇혀 몸 둘 바를 몰랐지만, 저절로 입꼬리가 올라가는 게 너무 기분이 좋았다. 마치 내가 대단한 일을 한 것 같았다. 사람들이 이렇게 칭찬하니까, 하나님도 기뻐하실 거로 생각하면서 그 상황에 심취해 있었다.

하지만 내가 간과한 것이 있었다. 입사 후 3개월은 수습 기간이라서 월급의 80프로 정도만 받는다는 것. 그때 '처음부터 100프로를 모두 내야 했다면, 지금보다 더 손 떨렸겠다. 휴.' 내가 모두 드린 게 80프로뿐이라서 다행이라는 생각이 꿈틀거렸다. "어쨌든 받은 월급의 100프로를 드린 거니까 대단한 거야!"라고 말해주는 사람도 있었지만, 그건 분명 나의 진심을 담은 것이 아니었다. 형식적인 물질을 드렸던 거다. 부끄럽게도 나는 물질 앞에서 자유롭지 못했다.

나는 늘 손익 계산이 빠른 편이었다. 깨닫고 보니, 나는 하나님께 드릴 헌금도 손익을 따지고 있었다. 그러면서도 십일조는 철저히 지키며 냈다. 그러면 '헌금을 했다'는 생각에 마음이 편했다. 속으로는 '십분의 일은 하나님께 드렸으니, 나머지는 제가 잘 쓸게요~!" 하는 마음이었는지도 모른다. 내게 물질의 주인은 하나님이 아니라, 나 자신이었다. 한 달 열심히 일해서 받은 월급이 하나님보다 더 소중해진 것이었다.

그때 하나님께서 아벨의 제사는 받고 가인의 제사는 받지 않으셨다는 이야기가 떠올랐다. 문득 내가 드린 첫 열매도 가인의 것과 크게 다르지 않다고 생각하셨으면 어쩌지 싶었다. 그리고 만약 하나님께서 "너의 제사는 받지 않았다"라고 했을 때, 가인이 진심으로 회개하고 다음을 잘 준비했다면, 하나님은 그에게 다시 기회를 주시고 기쁘게 받으셨을까? 가인의 태도에서 내 모습이 보였다. 숨고 싶었다.

반쪽짜리 예배자로 직장 생활을 시작해서였을까. 나는 체력적, 정신적으로 어려운 시기가 올 때마다 월급에 '힘들게 번 돈'이라는 꼬리표를 달았다. 가끔 보너스라도 받으면 내 마음대로 덜어낸 십일조를 드리기도 했고, 남을 도우려는 마음보다 '이거 내가 힘들게 번 건데…?'라고 생각하며 지갑 문을 꽁꽁 닫으려 했다. 모순되게도 내가 먹고 싶고 사고 싶은 것에는 지갑이 쉽게 열렸다.

사탄은 물질만능의 사회에 만연한 가치에 슬며시 틈타서는 나의 시선이 물질을 향하게 했다. 게다가 내 것을 오롯이 하나님께 드린다고 생각하게 했다. 하나님이 허락하지 않으시면 가질 수 없는 것임에도 내가 노력하고 수고해서 얻은 것만 기억하게 했다.

♦

그러다 보니 퇴사를 고민할 때 내 발목을 잡는 것은 결국 돈이었다. 둘이 숨만 쉬어도 나가는 고정지출 비용을 무시할 수 없었다. 남편보다 먼저 직장생활을 일찍 시작한 내 급여가 조금 더 안정적이라서, 내가 직장을 그만두면 당장 어떻게 해야 할지 걱정이 몰려왔다. 매달 통장에 꽂히는 돈이 없어진다는 생각만으로 내가 이렇게 불안해질 줄 몰랐다. 돈 때문에 '마음 편히 쉬는 것을 선택할지,

다른 직장을 구할지' 결정하지 못하는 내 모습이 답답했던 남편이 말했다.

"소정아. 돈이란 게, 원래 있을 때도 있고 없을 때도 있는 거니까. 걱정 말고 이 시기를 어떻게 보내고 싶은지 너한테만 집중해서 선택하면 좋겠어."

남편의 말을 듣고 퇴사를 망설였던 여러 이유를 다시 돌아봤다. 정작 나 자신을 위한 선택은 없었다. 그제야 내가 진정으로 원하는 게 무엇인지, 가장 해보고 싶은 건 무엇인지 생각하기 시작했다. 암 치료라는 큰 사건을 경험하면서 생각의 초점이 달라졌다. 조금 이기적으로 보이더라도 나를 우선으로 생각하고, 나를 위해 선택을 하고 싶어졌다. 지금이 아니면 '도전'은 내게서 더 멀어질 것만 같았다. 그러다 복직을 한 달 앞두고, 원래 있던 마취과가 아닌 수술실로 발령이 났다는 연락을 받게 된 것이다.

수술 간호 업무는 같은 수술실에서 일하지만, 마취 간호 업무와는 완전히 다른 일을 한다. 다른 부서로 배정됐다는 것은 다시 하나부터 열까지 신규처럼 배워야 한다는 것을 뜻했다. 주변 동료, 지인들에게 연락해서 수술실에서 일하는 건 어떤지 조언을 구했다. 내 상황을 전해 들은 대부분은 "치료받은지 얼마 안 됐는데, 너무 가혹한 처사가 아니냐?"는 반응이었다.

아프기 전이었다면, 오히려 좋은 기회라고 생각했을 거다. 그런데 아직 다 회복되지 않은 상태에서 받은 부서 이동 소식은 부담이 됐다. 자연히 '어차피 처음부터 새롭게 배워야 하는 거라면, 또 다른 세상에서 시작해 보는 건 어떨까?'라는 생각으로 연결됐다. 그리고 나는 인생 첫 퇴사를 도전하기로 결심했다.

도전과 안정 사이

새로운 세상에 나가보겠다며 다짐했지만, 나는 원래 안정을 추구하는 사람이었다. 그래서 퇴사 후 새로운 환경에 던져질 것을 상상하면 끝나지 않는 걱정이 꼬리에 꼬리를 물었다. '숨만 쉬어도 나가는 돈은 어떻게 해결하지?', '마취과 간호사 경력으로 어디서 더 일할 수 있을까?' 현실적인 문제나 재정, 경력 등 우려되지 않는 게 없었다. 나조차 나를 의심하고 불안해하는 걸 보고, 남편은 "너는 지금 다니는 직장이 아니어도 어디서든 잘할 스타일이야"라며 나를 힘껏 응원했다. 남편의 전적인 신뢰를 힘입어 이직에 도전했다. 새로운 직장에 입사한 건, 병가가 끝나는 시점으로부터 3일 만이었다.

이직한 직장에서는 암치료를 마치고 일상 복귀를 앞둔 분들에게 상담과 교육을 제공하는 일을 하게 됐다. 이곳에서 다양한 암 환자를 만났는데, 생각보다 젊은 분들이 많아서 저릿할 정도로 마음이 아팠다. 마취과 간호사로 근무할 땐, 솔직히 환자들의 수술 이

후 삶이 크게 궁금하지 않았다. 내가 하는 일에서 벗어나기도 했고, 몸과 마음이 지쳐서 남까지 생각할 여유가 없었다. 그런데 내가 직접 암치료를 받게 됐다. 허심탄회하게 말하면 더 이상 '남'의 일이 아니게 됐다. 보고 느끼는 게 달라질 수밖에 없었다.

시도 때도 없이 팔다리가 저렸다. 근육이 움직일 때마다 목을 조르는듯한 통증으로 잠에서 깬 어느 날. 수많은 위로에도 불구하고, 외롭고 슬픈 날들이 머릿속을 스쳤다. 결국 스스로 이겨내는 방법을 찾아야만 한다는 걸 깨달았다. 환자들의 마음을 이해할 수 있었고, 더 진심으로 일할 수 있었다. 센터에 오는 분들께 전했던 응원의 말이, 어쩌면 치열하게 이 상황을 이겨내려 했던 나 자신에게 하고 싶었던 말이 아니었을까?

나와 상담하고 많은 힘을 얻었다는 분, 잘 준비된 프로그램과 교육이 큰 도움이 됐다는 분까지. 그분들의 감사 인사를 받을 때마다 보람되고 기분 좋은 느낌이 열 발가락까지 간질이는 듯했다. 경험이 쌓일수록 '하나님께서 환자들의 마음을 온전히 이해하게 하시려고, 내게 이런 아픔을 겪게 하신 걸까?'라고 생각하니까 감사한 마음이 들었다.

마취과 간호사가 아닌 교육 간호사의 모습으로 경험하는 새로운 일들은, 내게 다른 가능성을 보게 했다. 하지만 아쉽게도 센터에서의 일은 끝이 정해져 있는 2년짜리 계약직이었다. 별수 없이 다음 직장에 대한 고민이 시작됐다. 그리고 진로에 대한 고민은 자연스럽게 암 치료 때문에 잠시 미뤄둔 아이 계획, 임신에 대한 고민으로 이어졌다.

방사선 치료 후, 최소 6개월에서 1년이 지난 후 임신하는 것을 추천받았다. 치료가 끝났어도 몸에 잔존하는 방사선에 태아가 노출될 위험이 있기 때문이었다. 근로 계약이 1년도 남지 않은 상황. '다시 이직하게 되면 직장에 적응하기까지 적어도 1년 이상, 임신하고 출산하면 빨라도 2년은 걸리겠네.' 이제 슬슬 임신 계획을 세워볼까 싶던 참이었다. 그런데 아무리 생각해도 임산부를 새로 뽑을 직장은 없을 것 같았다. 대체 언제까지 미뤄야 할지 막막했다.

대개 하루라도 젊을 때 아이를 낳는 게 좋다고 하던데, 그게 내 마음대로 척척 되면 얼마나 좋을까 싶었다. 그런데 임신과 출산, 육아는 어느 것 하나도 내가 예상하고 계획할 수 있는 것이 없었다. 점점 더 깊은 안개 속을 걸어 들어가듯, 손도 못 댄 과제를 한 아름 안고 있는 기분이었다.

요즘 뉴스에서 '출산율 0.7명 붕괴, 한국 망했다'라는 기사 제목을 많이 보게 된다. 내가 살아갈 세상의 인구가 소멸할 수 있단다. 우리 부부는 무조건 자녀를 낳고 기를 거다(그렇게 하고 싶다). 하지만 계속해서 나쁜 국가 경제 상황도, 점점 더 이기적인 사람들로 가득해지는 사회 분위기도, 줄어드는 출산율이 사뭇 이해된다. 우리 부부도 가끔은 심리적으로 위축될 때가 있으니까. 그럼에도 안타까운 마음에 새어 나오는 한숨을 막을 수 없었다.

하나님은 아담과 하와를 지으실 때처럼 바로 인간을 만들 능력이 있는 분이다. 그럼에도 우리를 하나님의 나라를 확장해 가는 동역자로 부르셨고 "생육하고 번성하라"라는 사명을 주셨다. 우리 부부도 항상 하나님의 사역에 동참하고 싶은 마음이었다. 그런데 '두려움'이라는 높고 단단한 벽은 무너질 기미가 보이지 않았다. 그래서 최대한 미룰 수 있을 때까지 미루고 싶었다. 아이를 낳아 부모가 되는 것은 축복받아야 하고 기뻐해야 할 일이었지만, 우리에게 임신은 우리에게 변수를 안겨주는 장애물로 느껴졌다. 한편으로는 '돈이 넉넉했다면 이런 걱정은 하지 않았을 텐데...' 하는 마음도 들었다. 엎친 데 덮친 격으로 남편의 사업 방향을 정해야 하는 중요한 기로에 놓였다. 어른이 되는 것이 수월하기만 하지는 않을 거로 생각했지만, 현실에서 마주하는 삶의 무게는 상상 그 이상이었다.

◆

센터에 규칙적으로 출퇴근을 하게 되면서 시간적 여유가 생겼다. 그래서 '여기 있는 동안 다음 단계를 준비해 보자!'라고 다짐했는데, 어느새 퇴사까지 1년이 채 남지 않았다. '다시 병원으로 돌아가지 않으리라'고 생각하며, 수염에 붙은 불 끄듯 간호사 외에 할 수 있는 다른 일들을 탐색하기 시작했다.

온라인 소품샵을 만들어 보려고 발품을 팔기도 했고, 블로그를 통해 애드포스트 광고 수익을 내기도 하는 등 여러 가지 시도를 했다. 하지만 노력에도 불구하고 월급 수준까지 수익이 만들어지지 않는 바람에, 다시 고민은 원점으로 돌아오게 됐다. 불안하고 조급한 마음이 커질수록 나는 다시 안정적인 병원으로 돌아가고 싶어졌다. 그래서 틈날 때마다 구인·구직 사이트를 열었다. 시간이 약이라고 했던가? 처음 마취과 간호사로 근무하면서 힘들었던 기억은 어느새 미화됐는지, 가끔 그립다는 생각이 들기도 했다. 그러다 "돈이 궁해지면 내가 병원에 다시 돌아가면 되지"라고 말해서 우리 부부가 다투는 원인이 되었다.

남편은 내가 다시 3교대 병원 생활로 돌아가는 것을 극구 말렸다. 그 이유는, 내가 병원에 다닐 때 세상 가장 예민했기 때문이었다. 가끔은 분노 조절이 잘 안될 정도였다. 감정이 폭발하듯 터질 때마다 남편은 온전히 받아내야 했다. 남편은 내가 가장 힘들어했던 시기를 옆에서 고스란히 지켜봤던 사람이니까, 내가 다시 그곳에 돌아가지 못하게 더더욱 말려야만 했을 것이다.

'내가 그 정도였나?' 싶었지만 객관적으로 나를 보려고 하니까 비로소 보이는 것들이 있었다. 이리저리 바쁘게 움직이면서 생긴 손과 발의 상처들, 밤낮이 바뀌는 업무와 불규칙한 생활 패턴, 사람을 상대하며 생긴 스트레스... 이제는 자연스럽게 모든 것을 공유하면서 하나가 되어버린 남편이 그동안 그 모든 것을 함께 짊어지며 공감하고 있었다. 거기다 지금은 내 건강도 다 회복된 게 아니라서, 체력적으로 쉽지 않겠다고 생각했다.

　서로를 바라보면서 나는 남편이 불쌍했고, 남편은 나를 안쓰러워했다. 그래서 서로를 위해 생각해 보기로 했다. 적당히 안정적이면서 한 번도 해보지 않은 새로운 일을 도전하는 쪽으로 말이다.

다름을 맞춰가는 부분

　우리 부부는 웬만해서는 잘 싸우지 않는다. 학창 시절부터 같이 신앙을 키우고 오랜 시간을 보낸 덕분에, 서로의 웃음 포인트와 좋고 싫어하는 것을 이미 많이 알고 있었다. 결혼 후에도 나름 유연하게 잘 지내왔다. 그런데 점점 우리 부부의 다른 부분이 확연히 드러나기 시작했다.

　나는 일 처리 속도가 빠르고 습득력과 상황판단력이 좋다. 하지만 성격이 급해서 꼼꼼함이 떨어질 때가 있고 지구력이 약하다. 반대로 남편은 꼼꼼한 성격에 신중해서 일을 처음 배울 때 많은 시간이 소요된다. 그리고 끈기가 있고, 인내심이 뛰어나 어지간한 일은 잘 참고 버틴다.

　남편의 오래 버티는 습관이 얼마나 일상이 되었냐면… 남편은 군 생활을 철원에서 했단다. 한 번은 한겨울 강추위에 훈련을 받다가 동상 직전 단계인 동창에 걸려 왔다. 버티면 웬만한 건 다 되던 지난 경험이 자신을 이렇게 만든 것 같다고 했다. 반면, 나는 공기와 온도에 굉장히 예민하다. 차를 타면 창문도 열었다가 닫았다가 하며 가만히 있지를 않는다. 생각보다 다른 게 많은 서로를, 이해되지 않아도 사랑해야 하는 게 부부라는 걸 배우는 중이다.

신기하게도 하나님은 셀 수 없이 다른 부분이 많은 두 사람을 부부로 붙여놓으셨다. 서로의 다름을 인정하고 존중하며 점점 변하는 우리를 보길 원하시는 걸까? 우리 부부의 다른 점은 이뿐만이 아니었다.

집을 꾸밀 때였다. 나는 '예쁘고 귀여운 것'이 가장 우선이었다. 신혼집이니 아기자기하게 꾸미고 싶었다. 그런데 남편은 실용적인 것을 중요하게 생각했다. 처음에는 이렇게 예쁜 것을 몰라줘서 아쉬웠다. 그런데 종종 예쁘기만 하고 정작 불편해서 잘 쓰지 않게 되는 것들을 본 후, 생긴 것만 보고 판단하지 않아야겠다고 생각하게 됐다.

그에 비해 남편은 조금 느리지만 엄청 신중에 신중을 더해서 물건을 사는 편이었다. 남편은 구매하려는 물건이 실생활에 도움을 주는지 먼저 고려했다. 그 후에 내구성도 좋고 주변 환경과도 이질적이지 않은 선에서 예쁜 것을 고르곤 했다. 그래서였을까. 확실히 계속 손이 가고 활용도가 무척 좋았다. 요즘은 남편의 세심하고 꼼꼼한 결정도 반영하고 있다.

예쁜 쓰레기와 실용 으뜸 제품. 그 상극의 성향을 뚫고 서로 합의점을 찾으며 좋은 제품과 가구를 집에 들이기 시작했다. 오히려 둘이 합쳐지니 예쁘고 기능이 좋은, 최고의 선택을 할 수 있었다. 달라서 서로 보완하고, 배울 수 있다는 점이 재미있었다. 물론, 이런 결과에 도달하기 위한 과정은 여전히 '썰전'을 방불케 한다. "내 의견은 말이야~"하면서 서로 자기주장이 왜 옳은지 설득하려고 한다. 합력하여 선을 이룬다는 것이 이런 걸까...

♦

 그렇게 서로 맞지 않는 부분을 조금씩 맞춰가고 있었다. 그런데 우리가 아무리 노력해도 좀처럼 좁히기 힘든 것이 있었다. 그건 바로 '재정'에 대한 생각이었다. 남편은 늘 타인의 입장에서 먼저 생각하는 속이 깊은 사람이다. 그래서 타인에 대한 이해가 높고 마음 그릇이 크다. 사실, 그런 따뜻하고 인간적인 모습에 반하기도 했고, 나 역시 덕분에 부족한 부분들을 챙김받는다.
 하지만 돈 문제는 다르지 않은가. 남편은 친구에게 빌려준 돈을 받아야 할 때도, 그들이 제때 주지 못하는 이유를 어떻게든 이해해 보려고 노력했다. 돈을 빌려준 지인의 상황이 어렵다며 계속 선처해 주고, 함께 일하던 지인의 상황이 어려워서 당장 급여를 주지 못해도 남편은 괜찮다며 기다려주겠다고 말했다. 그 모습을 보는데 답답하고 밉고 화가 났다. 우리의 상황도 녹록지 않은데 그들의 입장부터 생각하는 모습을 보고 있으니 정말 환장할 노릇이었다. 불쌍한 그들을 생각하고 봐주느라 우리 가정이 손해를 보는 상황에 분노했다.

"그럼 나는?"

 꽉 쥔 주먹이 바들바들 떨렸다. 남을 생각하고 배려하는 동안, 아내인 내 생각과 감정은 전혀 고려하지 않는 것 같아 성났다. "나는 안 불쌍해?" 결국 생각뿐이던 것이 말이 되어 울분과 함께 터져 나왔다. 나라면 절대 일어나지 않을 일이라고 생각했다. 우선 그런 경험이 없을뿐더러, 가까운 사이에서도 돈을 빌려주지 않으니까. 친구와는 돈거래 하는 게 아니라고 배웠다. 나는 눈을 동그랗게 뜨고 반드시 받아내라며 닦달했다. '나는 이렇게 불안하게 살 수 없으니까 그러고 싶으면 그 사람들이랑 살아!'라고 말하고 싶었다. 그런데 남편의 한마디에 말문이 막혔다.

 "너와 상의하지 않고 돈을 빌려줬던 건 나도 할 말이 없어. 앞으로는 빌려주지 않을 거야, 약속할게. 그런데 나도 왜 이런 일이 계속 나한테 일어나는지 모르겠어. 그 사람들이 잘 되면 너무 좋겠는데, 왜 다들 이렇게 상황이 안 좋아서 제때 월급을 주지 못할까?
 그런데 있잖아. 만약 내가 사업을 하다가 상황이 어려워져서 월급을 주고 싶어도 주지 못하게 되면 말이야. 나도 저렇게 될 수 있을 거란 생각을 하면 마음이 아파. 그런데 이상하게 하나님이 내 주변에 이런 사람들을 두셨어. 그래서 곰곰이 생각해 봤거든. 돈을 빌려 간 사람 중에서 믿음 없는 사람들은 전도할 대상이 되고, 만일 크리스천이라면 믿음을 갖고 다시 일어서길 바라면서 기다려주는 게 하나님의 마음일 것 같았어."

"진짜 하나님은 왜 오빠에게만 이런 경험을 시키는지 도저히 모르겠어. 나는 그런 경험이 없으니까, 이 상황이 정말 짜증 나고 답답해. 나였으면 당장 돈 내놓으라고 얘기했을 거야."

"여보는 한 번도 이런 경험이 없어서 모르겠지만, 한번 생각해 봐. 당신이 가장 아끼고 친한 친구가 이런 상황이라면 어떻게 했을지. 그렇게 칼로 무 썰듯 단번에 얘기할 수 있을까?"

남편의 말을 듣고 혼자 깊이 생각해 봤다. 그 상황에 완전히 이입하게 되자 속이 울렁이고 헛구역질이 났다. 내가 만약, 사업을 시작한 가장 가까운 친구의 직원이 돼서 일을 돕는데, 경기가 어려워져서 친구의 사업이 망했다? 수억의 빚을 지고 죽네 사네 하다가 기다려달라고 할 때 "네 사정은 안타깝지만 나도 상황이 어려워. 어떻게든 구해서 당장 줘."라고 단호하게 말할 수 없었을 거다. 거기다 남편이 "여보, 우리 집도 어려운데 걔네 사정까지 신경 써줘야 해? 빨리 돈 내놓으라 해!"라며 닦달했다면...? 나는 훨씬 더 심한 스트레스를 받다가 결국 쓰러졌을지도 모른다.

나도 알고 있다. 남편의 천성이 모질지 못해서 이런 상황에서 나보다 더 힘들 거라는 것을. 게다가 남편은 돈에 욕심 없던 사람이다. 그러니 나에게 등 떠밀려 자기 친구에게 모진 소리를 해야 할 때 얼마나 괴로울지 예상된다. 하지만 나까지 이 상황을 이해하고 덮어버리면, 영영 돈을 받지 못하게 될 것 같았다. 기꺼이 나는 나쁜 사람이 되기로 했다.

남편의 마음이 잘못된 게 아니라는 걸 알기에 더 속상했다. 사람의 마음을 사랑으로 살피기보다 내 목적에 부합하지 않는 상황을 용납하지 못하는 나를 마주하니 복잡했다. '배워서 남주고 싶다'는 우리 부부의 비전은 어디 가고, 어느새 내 안에는 돈 욕심이 가득한 이기적인 마음뿐이었다.

내려놓고 바뀐 시선

아내가 나를 보며 무슨 생각을 할지 나도 알고 있었다. 당연히 받아야 할 돈도 달라고 하지 못하는 남편이 얼마나 답답하고 꼴 보기 싫었을까? 마냥 참아주고 용서하기만 했으니… 믿지기 않겠지만, 예전에는 더 가관이었다.

한 번은 고속버스 터미널에서 '교통비가 없다'며 꼭 갚을 테니 몇만 원을 빌려달라는 사람을 만났다. 내 전화번호를 받아 갔지만, 아무리 기다려도 연락은 오지 않았다. 또 생활고로 힘들어하던 친구가 때마다 몇만 원씩 빌렸다. 꼭 갚겠다더니 1년이 넘도록, 몇백만 원이 될 때까지 결국 돌려주지 않았다. 인내심이 바닥나서 도대체 언제 갚을 거냐고 따져 물었던 날, "네가 너무 호구 같아서 이용한 거다"라고 말하더니 이내 연락을 끊었다. 나는 그들의 뻔뻔한 태도에도 순간적인 분노보다 '그래도 예수님 믿으라는 말을 전했으니 그걸로 충분하다'며 속상함을 달랬다.

또 도움이 필요하다고 하면, 굳이 수당을 받지 않고도 어디든 달려가 섬겼다. 그런 내게 한 어른은 "너의 섬김을 하나님이 정말 예뻐해 주실 거야"라며 지속해서 불러 잡다한 노동을 시켰다. 그는 나를 위한 척했지만, 알고 보니 자기의 이득을 위한 것이었다. 어이없게도 나중에는 금전적인 요구까지 했다. 돈이 없어서 안 되겠다고 했더니 "지금까지 도와줘서 고마웠다"면서 잘 지내라는 문자만 남기고 자취를 감췄다. 사실, 비슷한 일이 넘쳐날 정도로 많지만, 이미 용서했고 그들을 위해 기도했다.

나는 늘 하나님이 기뻐하실 것을 기대하며 돈을 빌려주거나 몸소 도왔다. 그런데 철저하게 이용만 당하다가 끝났다. 아내에게 예전의 삶을 더 얘기하면, 혹시 지금도 몰래 빌려주지 않을까 생각하고 불안해할 것 같으니 여기서 마무리해야겠다. 다시 말하지만, 지금은 달라졌다. 하나님이 주신 가정을 최우선으로 하고, 모든 것을 아내에게 공유하고 있다.

누가 봐도 바보 같은 행동을 했던 내 나름의 이유가 있었다. 사실 나는 직장을 다니기 전, 더 오랜 시간 준비해 오던 일이 있었다. 바로 목회자였다. 찬양 사역자와 목회자가 되겠다며, CCM 학과부터 신학대학원까지 10년 넘는 동안 교회 안과 밖에서 쉬지 않고 달려왔다. 그래서 평소에도 '목회자가 갖춰야 할 태도'에 대해 고민했다. 언론에서 많은 기독교인이 횡령이나 성 문제, 권력남용 등 좋지 않은 모습으로 거론되는 걸 보면서 스스로 결심한 것이 하나 있었다.

'돈은 철저하게 건드리지 말자! 나중에 결혼하면 아내가 관리하도록 해야겠어!'

돈과 가까워진다는 생각이 들면, 돈이 없어도 행복하게 사는 사람들의 다큐멘터리나 책을 보며 초심을 찾으려 했다. 돈에 대해 말하기를 좋아하는 사람들을 멀리하거나, 대화 주제가 거룩하게(?) 흘러가도록 바꾸려고 애썼다. 그러니 당연하게도 돈에 관해 설교하는 목사님들을 좋아하지 않았다.

이전의 나는 너무 극단적이었다. 돈을 멀리하는 것을 시작으로, 개인의 자랑이 될 만한 것들은 철저하게 부정하다고 여겼다. 오죽하면 초등학생 때부터 받은 상장과 트로피, 자격증과 수료증까지 전부 버렸겠는가. 심지어 찬양하면서 기타 치는 모습이 멋있다는 말에 기타 연습과 노래 연습을 멈췄다. 그러던 어느 날, 점점 날카로워지고 자신감을 잃어가는 나를 발견했다. 갑자기 정신이 번쩍 들었다.

'지금 나는 자존감도 무너지고 자신감도 없고, 찬양을 해도 기쁘지 않은 데... 이런 내 모습을 하나님이 과연 기뻐하실까? 이런 모

습으로는 성도님들을 돕기는커녕 내가 상담을 문의해야 할 판이네. 뭔가 잘못됐어...'

　실제로 정신과 상담도 받았지만, 약을 처방받는 것 외에 큰 도움이 되는 것 같지 않았다. 그래서 자존감부터 다시 회복하려고 노력했다. 멈췄던 찬양 사역과 기타 연습을 다시 시작하고, 세상과 친해지려고 노력했다. 그런데 아무리 애써도 찬양하는 내 목소리가 마음에 들지 않았다. 거기다 10년 동안 기타 치며 만들었던 손가락의 굳은살도 다 사라져서, 평소 쉽게 쳤던 F코드 연주가 어렵다고 느끼고 나서야 하나님이 주신 달란트를 내가 땅에 묻어둔 채 방치하고 있었다는 걸 깨달았다.
　별것 아닐 수 있지만, 몇 년간 고립된 생각과 지나친 자기반성으로 자신감을 잃은 28살의 청년에겐 실로 큰 타격이었다. '뿅'하고 변할 수 있으면 얼마나 좋을까? 하지만 인간이 마음먹은 것처럼 쉽게 변하는 게 불가능하다는 걸 알고 있다.

◆

　돈이 없으면 안 되는 세상에 살면서, 돈을 멀리 해야 한다는 고정관념에 사로잡혔던 시간... 돈과 연결된 모든 것을 끊어내려다가 시간도 버리고 세상물정 모르는 사람이 되어버렸다. 그런 중에도 무엇이 잘못됐는지 정확히 짚어내지 못했다. 지금 하는 일들을 잘 해내면 숨통이 트일 거로 생각했다. 그러다가 하늘이 무너지는 것 같은 일이 터지고 말았다.

  어머니가 쓰러지셨다. 어머니는 워낙 밝은 분이라 주변 어르신들께 귀염받곤 하셨다. 그런데 그날은 한마디 없이, 죽은 것처럼 가만히 자리에 누워 계셨다. 심장이 미세하게 떨리기 시작했다. 숨을 참고 어머니 코끝에 귀를 가져갔다. 쌔액- 쌕. 고요한 긴장감이 흐르던 방 안에 어머니의 숨소리가 채워지는 걸 확인하고 나서야 조금 안심이 됐다. 대체 무슨 일이 있었던 건지 여쭤봤지만, 어머니는 대답하지 못하고 계속 끙끙대기만 했다. 그제야 어머니와 나눴던 대화들, 어머니가 보인 모습들을 떠올려보려고 애썼다. 기억을 더듬다 보면 최근 어머니께 무슨 일이 있었는지 알 수 있을 것 같았다. 그러다 얼마 전부터 틈만 나면 멍해지던 어머니 모습이 떠올랐다. 어머니는 불안해하셨다. 당시 어머니 스스로 해결할 수 없는 몇 가지 일이 한꺼번에 겹친 게 원인이었다. 그 일들 때문에 급격한 스트레스를 받아 급성 복합성 체력 저하가 온 것이다.

  어머니는 기질적으로 타인에게 피해주는 걸 싫어하셨다. 어떤 문제든 스스로 껴안으면 된다고 생각하셨다. 그래서 자신의 성향에 맞지 않는 일도 모두 끌어안으며 일하고 봉사해 오셨다. 그러다 결국 과부하가 온 것이다. 일하느라 바쁜 아버지, 결혼해서 아이 둘을 키우는 누나, 사역하며 대학원 공부까지 하는 학생인 나까지.

  누구와도 당신이 가진 이 무게를 나누지 못했겠다고 생각이 미치자, 어머니가 얼마나 외로웠을지 감히 상상되지 않았다. 아버지와 함께, 일어나지 못하는 어머니의 팔다리를 수시로 주무르고 약을 먹였다. 밥때가 되면 자리에서 일으켜 두유를 먹여 드렸고, 시간마다 가글액으로 임시 양치를 하도록 했다. 그러면서 기도했다.

'하나님... 제발 한 번만 엄마 좀 살려주세요. 아픈 와중에 사람들이 걱정할까 봐 아무한테도 말하지 말래요. 병원이 무섭다고 버티기만 해서 점점 더 몸이 나빠지고 있어요. 잘 회복해서 스스로 일어서게 해주시든가, 아니면 아픈 엄마를 병원으로 강제로라도 모시고 가야 할 때 제 마음이 약해지지 않게 해주세요. 엄마를 살려야 한다는 것만 기억할 수 있게, 제 마음을 더 단단하게 붙잡아주세요.'

아버지와 함께 어머니의 두 손을 잡고 기도했다. 얼마 전까지 통통하던 어머니의 손이 다 말라버린 나뭇가지에 가죽만 붙어있는 것처럼 앙상했다. 간절한 기도와 노력에도 불구하고, 어머니의 건강은 좋아졌다 나빠지기를 반복했다. 한 번은 온몸을 부르르 떨며 발작하시지 뭔가! 더는 어머니 입장만 고려할 수는 없다고 생각했다. 아무리 어머니가 가기 싫어해도, 병원에 입원시켜야 했다. 문제는 어머니를 어떻게 모시고 가느냐였다. 나는 하나님께 드린 기도를 다시금 떠올렸다. '엄마를 살려야 한다는 것만 기억할 수 있게'. 가기 싫어서 엉덩이를 쭉 뺀 채 버티는 어머니를 기어코 병원에 입원시켰다. 하아. 그마저도 병원에 당장 입원할 자리가 없어서 그대로 돌아갈 뻔했다. 그런데 정말 감사하게도 내가 의사 선생님과 상담하는 중에 자리가 생겼고, 겨우 당일 입원을 할 수 있었다. 병원에 가기 전부터 못이긴 척 환자복을 입고 침대에 누우실 때까지, 어머니가 하신 말씀이 아직도 귓가에 맴돈다.

'네가 어떻게 나한테 그럴 수 있어…'

몸과 마음이 편찮은 탓인지, 자신을 단호하게 입원시키는 아들이 어지간히 미우셨나 보다. 어머니를 생각해서, 어머니를 위해서 내린 결정인데. 욕먹는 기분이란… 그때 이런 생각이 들었다. 하나님께서 우리를 위해 좋은 것만 주시는 데도 불구하고, 우리 인간은 '하나님, 도대체 나한테 왜 이러세요?'라고 원망할 때가 많다는 것. 씁쓸했다. 나도 그런 적이 많았겠지, 싶어서 회개하게 됐다.

♦

드디어 '큰 거 하나 해결했다'며 숨 돌리던 어느 날. 생전 처음 보는 누런 종이가 하나둘씩 집으로 도착했다.

'미납금 고지서 1'
'미납금 고지서 2'

세상이 무너지는 것 같았다. 영화나 드라마에서 본 집안 곳곳에 '빨간 딱지'가 붙은 장면, 그 안에 들어와 있는 것 같았다. 내 삶에서는 일어날 일 없다고 생각했던 일이라, 한참을 고지서를 바라보며 멍하게 서 있었다. 하늘이 두 번 무너질 수도 있구나... 이제껏 어머니 혼자 우리 가정의 재정을 담당해 오셨다. 그런 어머니가 누워 계셨다. 왜 이런 일이 발생했는지 묻는 것은 둘째고, 어디서 어떻게 돈을 찾아 문제를 해결해야 하는지 아무것도 몰랐다. 먹은 것을 다 게워 내고 싶을 만큼, 속이 메스꺼웠다.

그날부터 어머니의 상태가 괜찮아질 때마다 통장에 기록된 모든 내용을 물어 확인했다. 내 심장을 가장 철렁하게 했던, 미납금 고지서! 그건 다행히 미납된 돈을 납부하면 되는 가벼운 문제로 끝났다. 간단한 일이었다. 겁먹었던 지난날의 내가 떠올라 헛웃음이 났다. 그 별것 아닌 일에 호들갑을 떨 정도로 나는 돈과 친하지 않았다.

비로소 확실하게 상황 판단이 됐다. 더 이상 싫다는 이유로, 돈을 멀리할 수 없었다. 배워야 했다. 돈을 제대로 관리하는 법을 알아야 했다. 평소 재무관리를 잘하는 친한 형님에게서 돈을 어떻게 관리하는지 설명을 들었다. 들은 내용을 우리 상황에 적용해 보니 재정 상태가 그리 좋지 않았다. 그동안 어머니 혼자 이 모든 걸 감당하시면서 힘드셨겠다는 건 알지만, 한편으로는 가족들에게 재정 상태를 정확하게 공유해주셨다면 어땠을까 싶었다. 원망하고 싶고, 아쉬운 마음이 공존했다. 어머니는 다행히 2주 정도 치료받으면서 몸도 마음이 건강해지셨다. 앞으로 관리만 잘하면 될 거라는 의사 선생님의 말씀과 함께 퇴원하셨다. 어머니가 회복할 동안, 내 생각과 삶이 정말 많이 바뀌었다.

어머니의 치료가 끝난 후에도 가족 재정관리는 내 담당이 되었다. 세속적이라며 있는 힘껏 피했던 그놈의 돈을, 이제는 가장 가까이에 두고 살아야만 하는 상황이 비참하고 불행하게 느껴졌다. 누군가를 돕는 게 좋아서 어디든 달려갔는데, 이제는 돈과 시간을 따지며 효율적으로 결정해야 했다. 회중들에게 돈과 명예를 따르지 말라고 설교하고, 주님 한 분만으로 만족하자며 찬양하는 내 모습이 너무 모순적으로 느껴졌다. 하지만 더 이상 피할 수 없었다. 하지만 이번 일을 계기로 세상의 것에 물들지 않고, 신앙을 지키는 법을 본격적으로 훈련하기 시작했다.

이제 정말 숨 고르고 집중해 보려는데 이상한 일이 벌어졌다. 이전에는 자연스럽게 받아들여지던 모든 내용이 내게 다른 시각으로 다가오기 시작했다. 어느 날, 당시 사역하던 교회에서 한 청년이 상담을 요청해 왔다. 청년은 직장에서 신앙을 지키기가 너무 힘들다며 그동안 참아온 눈물을 터뜨렸다.

상황은 이러했다. 교회에 다닌다는 이유로 청년이 하는 모든 일에 상사가 딴지를 걸기도 하고, 술을 마시지 않는다며 눈치를 주는 건 다반사라는 것이었다. 이전에도 학생들과 청년들로부터 비슷한 주제로 상담 요청 받는 일이 많았다. 그때마다 나는 "믿음으로 이겨내 보자"라며 말씀을 앞세워 용기를 심어주려 했다. 그리고 최선을 다해 도움이 될 이야기를 찾았지만, 결국은 한결같이 "기도해 줄게"로 마무리하는 나 자신을 마주했다.

왜일까? 이상하게 가슴 깊이 찔림이 있었다. 전도사로서 믿음으로 이겨내자고, 기도해 주겠다는 말이 잘못된 것은 아닌데… 사실, 응당 당연히 해야 할 말이었다. 그런데 원인 모를 찝찝하고 답답한 마음이 있었다. 어느 날, 왜 이런 기분을 느끼는지 깨달았다.

'공감 불가'

그때까지만 해도 교회 밖에서 해본 일이라고는 단순 아르바이트 2개 정도 뿐이었다. 인간관계나 성공에 대해서도 크게 욕심이 없었다. 그래서 상사에게 호되게 혼났다는 청년을 상담할 때도 말로는 공감하는 척 하면서 '사회생활을 잘하면 되지 않았을까?' 생각했다. 그리고 "그만두고 싶은데 안정적인 수익 때문에 참고 있다"는 말에 '더 벌려고 하는 마음 때문에 문제가 발생한 건 아닐까?'라며 신앙이 연약한 탓에 발생한 일들이라고 판단했다. 직장생활을 해본 적도 없는 놈이 말이다.

하지만 경제 개념을 갖게 된 후, 설교를 잘하는 목회자보다 돈과 밀접할 수밖에 없는 직장인이나 자기 사업을 하는 분들이 대단하게 보였다. 그리고 모든 사역에서 극심한 권태가 왔다. 공감 없는 삶, 실제가 되지 않는 찬양의 고백과 믿음의 선포가 너무 싫었다. 소위 '현타'가 왔다. 공감을 쥐어 짜내던 사역에 죄책감도 들었다. 그렇게 시작한 권태와 고민은 10년 간의 모든 사역과 공부를 정리하는 계기가 되었다. 두려움이 컸지만, 교회 밖에서 일을 해보기로 했다. 즉, 호랑이 굴에 들어가 보기로 한 것이다.

  당시, 나는 대학원 졸업까지 한 학기를 남겨두고 있었다. 많은 동료와 선배 사역자들이 나 대신 아쉬워하며 말했다. "일단 졸업장이라도 따는 건 어때?", "파트타임 사역을 하면서 일해도 되지 않아?"

  어느 목사님은 "희구 너 같은 마음을 품은 사람이 교회에 필요하다"며 눈물로 설득했다. 솔직히 흔들렸다. 그런데 더 늦어지면 사역은커녕 예배 자체를 제대로 드릴 수 없을 것만 같았다. 그래서 나는 사역을 내려놓기로 결심했다. 새로운 출발을 하겠다며 단단히 결심했지만, 떨리고 두려워지는 마음을 이겨낼 수 있는 결단이 필요했다. 그리고 기도했다.

"하나님, 10년이 넘도록 공부하고 사역할 수 있게 지켜주셔서 감사합니다. 이제는 호랑이 굴로 들어가 보려 합니다. 우리와 공감하기 위해 이 땅으로 내려오셨던 그 모습을 닮아, 저도 공감하는 사역자로 살기를 원합니다. 그곳을 새로운 사역의 터로 삼아 또 다른 모습으로 섬겨보려고 합니다. 하나님이 뜻하신 그곳에 제가 있기를 원합니다. 아버지께서 원하시는 모습으로 잘 성장해 보고자 합니다. 지금까지 함께 해주셨던 것처럼 앞으로도 잘 부탁드립니다."

그 후, 난생처음 구직 사이트에 가입하고, 밤을 새워 수백 개가 넘는 곳에 이력서를 제출했다. 세상에 던져진 나는 그냥 '특별한 기술 하나 없는 30살의 청년'이었다. 나름 크고 작은 무대에서 찬양 사역을 했지만, 딱 그 정도였다. '교회 활동' 외에는 적을 게 아무것도 없었다. 아니나 다를까 지원하는 족족 떨어졌다.

그러던 중, "주말이 더 바쁜데, 일요일에도 나올 수 있다면 출근하라"는 연락을 받고 애플 공식 서비스센터에 취업하게 되었다. 출근하자마자 제품 수리에 필요한 기술을 알려주고, 고객 서비스에 관해 교육해 줬다. 거기까지는 오케이. 그런데 하나님이 내 기도를 반만 들으신 걸까? '좋은 사람들을 만나게 해달라'던 나의 기도와는 달리 센터에는 기본적으로 크리스천이 단 한 명도 없었다. 거기다 이곳 사람들에게 술과 담배, 욕은 너무 자연스러운 것이었다. 가끔 주일을 지킬 수 있는 날이면, 처절한 나의 일상을 하나님께 쏟아내며 엉엉 울었다.

그제야 직장에 다니며 교회 봉사를 하는 것이 얼마나 귀한 섬김이었는지 깨달았다. 유독 직장에서 힘들었던 날에는 교회에서 봉사하는 성도님들 뒤로 후광이 보여서 울컥하기도 했다. 진심이다. 가장 큰 변화가 있다면, 사회생활 하면서 신앙을 지키기가 힘들다던 청년들을 더 격하게 공감할 수 있게 됐다. 가끔은 이 잔을 내게서 조금만 거둬주시면 안 되냐고 투정을 부리고 싶었다. 그런데 점점 하나님을 찾는 시간이 더 길어지고, 깊어지는 것에 감사했다.

돈, 욕심 버리기 vs 욕심 내기

교회 사역을 내려놓고 밖으로 나오게 된 것은, 빠듯한 통장 상황 때문이기도 했다. 그저 주시는 대로 감사히 받던 전도사라서, '최저 시급'이라는 것을 듣기만 했을 뿐이었다. 그동안은 나와 상관없는 일이었다. 뒤늦게 안 것이지만, 마지막으로 사역했던 교회 전도사 월급은 당시 최저 시급보다도 현저히 적었다. 그때는 따로 돈을 벌어서라도 섬기겠다는 마음이었다. 주께서 '무엇을 먹을지 마실지 고민하지 말라'는 말씀을, 문자 그대로 받아들였던(?) 나는 미래를 책임져주시리라 믿고 감사히 섬겼다. 문제는, 평생 혼자서 자족하며 살 게 아니라는 것이었다.

그 당시 여자 친구였던 아내와 언젠가 결혼해서 가정을 이룰 것으로 생각했지만, 이를 위해 돈을 모아놓기는커녕 내 보험료나 생활비까지도 부모님이 감당해 주는 상황이었다. 심지어 집안의 재정 상황을 몰랐을 때는 부모님이 '적당히만 써'라고 주신 신용카드를 편하게 사용했었다. 어느 집 부모님은 모아둔 노후 자금으로 투자도 하고, 누구는 집을 사고, 누구는 시골에 땅을 사서 집을 짓는다고 했다. 통장을 열어보기 전까지는 우리 부모님도 그런 줄 알았다. 하지만 그런 건 없었다.

최저임금도 안 돼서 모이지 않는 사역 비용으로 생활하고, 결혼까지 준비해야 하는 나로서는 부모님께 용돈을 드리거나 노후 자금을 지원해 드릴 수 없었다. 거기다 재정 사정을 알게 된 후에도 '주님이 알아서 책임져주시겠거니' 하며 사역하겠다고 고집할 수는 없었다. 하나님이 보내주신 나의 아내와 가족을 돌보지 않으면서 "여러분, 내 이웃을 내 몸과 같이 사랑하십시오"라고 설교뿐 아니라, 대화조차 나눌 자신이 없었다. 제대로 살아내는 크리스천이 되기 위해서, 재정 문제를 반드시 해결해야만 했다. 그런데 교회 사역을 내려놓고 일반 직장을 다니겠다고 말씀드렸을 때, 의외로 부모님은 크게 반대하셨다.

"엄마, 아빠. 나 이제는 사역을 내려놓고 일해야 할 것 같아. 우리 가족 재정을 보니까 내가 일을 해야만 하겠더라고. 꼭 돈 때문만이 아니야. 사람들의 이야기에 공감해 줄 수 없어서, 사역을 하기가 너무 괴로웠어. 절대 두 사람의 잘못이 아니야."
"희구야. 하나님이 다 책임져 주실 텐데 잘 견뎌야지. 왜 사역을 아예 내려놓으면서까지 돈을 좇아가는 거야? 너무 돈, 돈거리지 마. 그러다 벌받아."

아주 어린 시절부터 목회에 대한 나의 꿈을 나눴던 부모님이라, 더 심한 말씀을 하시지 않은 게 감사할 따름이었다. 부모님의 입장도 이해가 됐다. 찬양 사역하는 내 모습을 보면서, 또 성실하게 섬기는 나를 칭찬하는 사람들의 말을 들으며 기뻐하던 분들이셨으니까. 부모님은 내 신앙이 변했다고 속상해하셨다. 그럼에도 나는 꿋꿋하게 기도하며 움직였다. 결혼 준비와 함께 취업을 준비하면서 교회 밖에서 나의 달란트를 찾고 성장하는 것에 집중했다.

내가 정말 하고 싶은 일은 무엇인지, 잘하는 일은 무엇이고 그 일들을 하기 위해 어떤 것들이 필요한지… 수없이 고민하고 발견하고 훈련하면서 '시간과 체력, 돈에 구애받지 않고 타인을 돕는 것'이 나를 가장 설레게 한다는 걸 알게 됐다.

그리고 일을 할수록 자본주의 사회에서는 '돈'이 꼭 필요하다는 걸 다시 한번 깨달았다. 이전에 울면서 상담했던 청년들도 '돈만 있었으면 직장에서 그런 괴롭힘 안 당하고, 선한 일 하면서 살 수 있었다'라는 마음이었겠지. 물론, 그 중심은 주님만 아시겠지만.

지금까지 나는 교회에서 돈 욕심을 줄이라고 배웠다. 하지만 내가 겪은 일들을 통해 크리스천으로서 어떻게 살아야 할지 나름의 태도를 정리했다. 크리스천은 돈을 멀리하는 자가 아니라, 돈을 다스리는 자가 되어야 한다고. 그리고 나는 여전히 돈 욕심 좀 내게 해달라고 기도하고 있다.

'하나님… 돈이 필요합니다. 사역하면서 학생들 과자라도 사주려면, 생육하고 번성하라는 말씀에 순종하기 위해서, 달란트를 땅에 묻어버리는 게으른 종이 되지 않기 위해서 돈이 필요합니다. 저희에게 돈과 지혜를 주세요. 저희 부부가 돈에 휘둘리지 않고, 선

하게 흘려보낼 수 있도록 도와주세요. 저희를 축복의 통로로 사용해 주세요.'

아내는 돈이 있든 없든 어떠한 순간에도 하나님께 맡겨드릴 수 있는 그릇이 될 때까지 욕심을 낮추게 해달라고 기도하고, 나는 세상 속 믿지 않는 자들 사이에 스며들어 전도할 시간과 체력이 필요하니 돈 욕심 좀 높여달라고 기도하는 아이러니한 상황. 이것 또한 부부가 맞춰가야 할 일이라니... 이렇게까지 해야 하나 싶다가도 우리 부부에게는 '배워서 남 주자, 돕고 싶을 때 마음껏 돕자'는 같은 비전을 꿈꾸고 있기에 서로가 훈련되어 가는 과정을 '그게 어려워?'하며 답답해하다가도 기다리고, 응원해 주고 있다. 그리고 하나님이 원하시는 타이밍이 오면 뒤도 돌아보지 않고 달려갈 준비를 하고 있다.

부부의 대화

소정 : 이번 글을 쓰면서 생각해 보니까, 우리 부부의 가장 다른 부분이 돈에 대한 시선이더라고. 나는 돈에 대한 욕심이 너무 많았고 당신은 너무 없었어.

희구 : 솔직히 크리스천 중에서 돈으로부터 자유로운 사람이 얼마나 있을까?

소정 : 돈이라는 게, 너무 잘 알면 욕심이 넘치기도 하고 너무 몰라도 문제가 되서 어려운 것 같아.

희구 : 맞아. 그런데 어렵다고 피할 수 없는 부분이잖아. 무작정 피하다가 내 꼴 날 수 있어^^

소정 : 하나님을 믿으면 복을 받는다고 하잖아. 근데 이 '복'의 의미가 한국 사회에서는 '물질의 풍요'로 인식되는 것 같아. 돈이 없어도 자기에게 주어진 것을 누리며 행복을 느낄 수도 있는 건데…

희구 : 남이 가졌지만 내게 없는 것과 비교하면서 욕심이 생기는 것 같아. 나는 오히려 그런 욕심이 너무 없어서, 무소유가 답인 줄 알고 살았던 것 같아. 그런데 하나님께서 우리에게 맡기신 달란트

를 땅에 묻어두는 것도 죄라는 것을 알게 됐어.

소정 : 먹고 싶은 것, 가고 싶은 곳, 하고 싶은 게 많은 나로서는 이렇게 비교되는 것에 쉽게 영향을 받으니까 넘어지기 쉬운 것 같아.

희구 : 생각해 보면, 무소유로 살려고 해도 돈이 전혀 없으면 기본적인 의식주가 해결되지 않는데, 말도 안 되는 억지를 부린 걸 깊이 반성 중이야.

소정 : 나는 잘 버는 것도 중요한데, 잘 나누는 법을 배우는 것도 중요하다는 걸 알게 됐어. 처음 직장 생활을 시작했을 때, 너무 힘들게 번 돈이라고 생각하니까 나누기가 아까운 거야. 그래서 내가 할 도리를 다한 거라고 합리화하면서 십일조를 드리고, 남은 것들을 움켜쥐어 버렸어.

희구 : 여보 말처럼 우리가 적정 소유하는 방법도 잘 알아야 해. 우리 둘이 지내면서 얼마의 돈이 필요한지 알고, 그 이상의 돈을 벌게 되면 흘려보낼 줄 알아야 하니까.

소정 : 맞아, 그래야 너무 욕심부리지 않고.
희구 : 나는 이제야 좀 더 명확해진 것 같아. '크리스천은 돈을 멀

리하는 자가 아니라, 돈을 다스리는 자가 되어야 한다.' 스튜디오를 운영하면서 어느 때보다 돈 생각을 많이 하게 되니까, 그 의미를 몸소 깨닫고 있는 것 같아.

소정 : 좋아! 여보야, 나는 나중에 물로 인해 고통받고 있는 친구들 동네에 우리 부부의 이름으로 우물을 파주고 싶다는 꿈을 품은 적 있어. 어떻게 생각해?

희구 : 당연히 너무 좋지! 우리 부부에게 주신 마음을 놓고 같이 기도 해보고 계속 나아가보자. 어떻게 사용하실지 모르겠지만 기대된다!

부부의 기도

하나님,
우리에게 주어진 것들을 오로지
나의 노력으로 얻은 것으로 생각했습니다.
그리고 돈을 나쁜 것으로만 생각했고,
잘 다스려야 함에도 모른 척 눈 감고 피하기도 했습니다.

하나님이 주신 모든 것들을
지혜롭게 잘 제어하지 못하고
우리의 얕은 지식과 계획 안에
하나님을 가두고 살았던 지난날을 회개합니다.

돈을 벌고 나눠야 하는 마음을
하나님의 뜻 안에서 품게 하시고
돈을 버는 과정까지도 정직하고
선할 수 있기를 기도합니다.

우리만 생각하며 움켜쥐었던 손을 넉넉히 펴서
이웃을 돌보고 사랑을 나눌 수 있게 해주세요.

3
정말로 원하는 것이 있을 때 제대로 준비하게 된다

익숙하고 편한 것이 무서운 이유

처음으로 퇴사하면서 불안하고 떨었던 게 벌써 과거의 일이 되다니, 신기할 따름이다. 막막하던 감정을 잊기라도 한 듯, 나는 새로운 직장에서 잘 적응하면서 가치 있는 일까지 할 수 있게 됐다. 이전보다 더 많은 사람을 만나게 되고, 생각지도 못한 수많은 경험을 하게 됐다. 역시 하나님은 다 계획이 있다.

나는 남들이 일하는 평일에 쉬는 것을 좋아했다. 주말에는 어딜 가든 사람이 많아서 주차하기도 힘들고, 가보고 싶은 맛집이 있어도 대기하는 사람이 많으면 갈 엄두조차 나지 않는데, 평일에 쉬면 이 모든 것을 주말에 비해 여유 있게 할 수 있기 때문이다. 거기다 모두 분주해 보이는 때에 나 혼자 여유롭게 길을 걷는 기분은, 경험해 보면 누구든 놓치고 싶지 않을 거다.

병원 간호사로 일할 땐, 근무 일정 때문에 밤낮이 바뀐 상태로 출근해도 불면증 없이 잘 지내는 편이었다. 그래서 아프기 전까지는 3교대 체계가 잘 맞는다고 생각했다. 동일한 시간에 출퇴근하는 상근직을 하기 전에는 몰랐다. 이렇게 규칙적으로 생활하는 게 얼마나 좋은지. 일정한 시간 안에서 계획을 세우고, 일하는 시간 외에는 얼마든지 자기 계발을 해도 되는 삶이 주는 만족감과 안정감이 있다는 걸 알게 됐다. 이제는 왜 사람들이 '3교대는 젊을 때나 가능하다'고 했는지 이해할 것 같다.

오전 8시부터 오후 5시까지, 회사에 있는 시간 외에는 온전히 나의 시간이다. 규칙적인 시간에 출퇴근하게 되면서 미라클 모닝을 시도해 봤는데, 이를 통해 나만의 아침 몰입 시간을 만들어낼 수 있었다. 이제는 규칙적으로 아침에 하는 일들이 정리됐다. 이를테면, 아침에 일어나면 가장 먼저 양치를 하고 공복에 갑상샘 호르몬 약을 비롯한 영양제를 챙겨 먹는다. 그리고 유튜브로 아침 스트레칭 채널을 틀어 자는 동안 경직된 근육을 풀고, 책상에 앉아 감사 일기를 쓴다. 본격적인 일과를 시작하기 전에 두세 가지 작은 성공들이 쌓이는 경험은 인생을 잘 살아내는 듯한 기분마저 든다.

규칙적인 생활 습관이 형성되면서 몸이 회복되는 속도도 빨라졌고, 일상에서의 활력도 좋아졌다. 가끔 거울 볼 때 '좋은 습관을 위해 노력하는 나 자신 멋있잖아~' 생각이 들면 피식 미소가 지어진다. 더 일찍 알았다면 좋았겠다고 생각할 만큼, 나는 이 생활을 즐기고 있었다. 지금까지 살면서 몸과 마음이 가장 건강한 상태이지 않을까 싶었다. 오히려 수술하기 전보다 더 많이 건강해졌다. 이 상태가 계속 유지되면 좋겠다고 생각했고, 안주하고 싶었다. 하지만 벌써 근로계약 만료 시점까지 1년도 채 남아있지 않았다. 언제 2년을 채우나 했는데, 야속하게도 시간은 빠르게 흘러가고 있었다.

이는, 그동안 상상 속 다음 단계 준비를 제대로 시작해야 하는 시기가 왔다는 소리이기도 했다. 앞으로 어떻게 해야 할지 고민할 때마다 '병원으로 돌아가는 건 어떨까?' 생각하기도 했다. 일할 땐 몸이 힘들었지만, 정맥 주사를 성공적으로 놓았을 때 느꼈던 짜릿한 손맛을 다시 한번 느껴보고 싶었다. 응급한 순간에 여러 일을 일사천리로 착착 해낸 후 한숨 돌리며 느끼는 희열은, 말로 표현할 수 없었고 그래서 가끔 그립기도 했다. 하지만 분명 이 모든 것은 시간이 지나면서 기억이 미화됐기 때문이리라. 그리고 무엇보다 건강을 생각하면, 병원으로 돌아가는 것은 최대한 마지막 선택지로 남겨둬야 했다.

남편과 앞으로 어떤 일을 할지 조금 더 적극적으로 고민해 보기로 했다. 우리의 힘만으로 될 부분이 아니라는 생각이 들자, 가정기도회에 공통 기도 제목으로 올렸다. "우리가 하나 되어 목표를 뾰족하게 만들어 나갈 수 있게 해주세요."라고. 간호 말고 다른 일을 시도해 보고 싶었지만, 무엇을 해야 할지 몰라서 막막했다. 그래서 아직 남은 시간 동안 여러 가지 일을 시도해 보기로 했다.

처음엔 온라인 소품 가게를 만들어 보자고 했다. 그래서 동대문 시장부터 남대문 시장 등 가리지 않고 온갖 도매시장을 찾아 판매하면 좋을 만한 상품을 구상해 보기도 했다. 또 블로그 운영을 통해 애드포스트 광고 수익과 체험단 수익을 만들어보려고도 했다. 그런데 어느 것 하나 공격적으로 해내는 게 쉽지 않았다. 그 때문에 수익이 월급 수준까지 이어지지 않았다. 결국 흥미를 잃은 우리는 다시 원점으로 돌아오게 됐다.

병원 간호사로 돌아가기 싫어서 시작한 도전들은, 의미 있는 시도와 경험이었지만 유의미한 결과를 만들어내지 못했다. 덕분에 되레 실패감을 맛보고 '직장생활이 가장 안정적이고 큰 수익을 준다'는 생각만 굳히게 했다. 시간에 쫓기는 하루하루가 숨이 막혔고 이런 마음이 커질수록 나도 모르게 간호사 채용 모집 공고를 확인하는 시간이 늘어간다는 걸 깨달았다.

정신 차려보니 계약서가 눈앞에

안절부절못하던 나는 결국 남편과 진지하게 상의했다. 당시 남편도 인테리어 사업을 정리하고 다음 단계에 대해 고민하고 있었다. 그래서 함께 방법을 찾다 보면 답에 가까워질 거로 생각했다.

그렇게 '소꾸부부 긴급 대책 회의'를 가졌다. 대책 회의를 시작하면서 알게 된 건, 세심한 남편은 이미 내가 조급해지고 있다는 걸 느끼고 있었다는 것과 남편도 고민이 많아서 나와 상의하고 싶었다는 것이었다. (남편은 때에 맞게 잘 제안했다며 칭찬을 아끼지 않았다) 우리의 대책 회의는 그 어느 때보다 웃음기를 쫙 빼고 진지하게 진행됐다. 그러다가 4년 전, 나눴던 대화 내용이 우리의 뇌리를 스쳤다.

"우리, 언젠가는 공간대여 스튜디오를 운영해 보자~ 소정이 너는 예쁜 공간을, 나는 효율적인 공간을 좋아하니까. 조화로운 공간이 될 것 같지 않아? 거기다 우리는 사람들이랑 소통하는 걸 좋아하니까 너무 재미있을 것 같아. 그리고 왠지 잘할 수 있을 것 같고!"

갑자기 떠오른 기억에 우리 둘 다 심장 뛰는 소리가 귓가에 들리는 것 같았다. 행복한 상상을 하며 간단히 검색했는데, 아쉽게도 공간대여 사업은 이미 포화 상태였다. 그리고 시간 대비 이용 단가가 너무 저렴해서 주 수입원으로 생각하기에는 아쉬움이 컸다. 행복한 흥분감이 차갑게 식기 전에 우리 부부가 매년 찾던 셀프 사진관이 기억났다.

결혼하고 매년 기념일마다 셀프 사진관에서 사진을 찍어서 우리의 시간을 기록했다. 물론 요즘에는 휴대전화 카메라 화질이 좋고,

보정을 돕는 애플리케이션도 너무 잘 되어있다. 하지만 대부분 찍어놓고 보지 않는 사진들이 휴대전화 사진첩에 쌓인 채 용량만 차지하는 경우가 많다. 결국 저장공간을 확보하기 위해 방치했던 사진들을 지우게 되는데, 우리도 그럴 때마다 아쉬웠던 기억이 있다. 그런데 사진을 인화해 두면, 사진이 쌓일 때마다 그날을 추억할 수 있는 것이 좋았다. 우리 부부가 스튜디오 공간을 만들게 된다면… 몇 년간 이곳저곳을 다니며 쌓은 데이터를 바탕으로, 아쉬웠던 부분을 개선하면 더 좋은 공간을 만들 수 있을 것 같았다.

평생 근로자로만 살아오다가 사업을 시작하려고 하니까 안개가 자욱하게 덮인 길 위에 선 듯 막막하고 두려웠다. 하지만 '하나가 되어 목표를 뾰족하게'라는 우리 부부의 기도를 실현하는 출발점이 될 것 같았다. 이제는 움직일 때가 됐다. 준비 없이 자녀가 생기면 우리가 생각하는 이런 도전 자체가 더 쉽지 않겠다는 생각이 들었다. 더는 도망치거나 머뭇거리지 않고, 하루라도 빨리 시작하자며 의견을 모았다. 하나님께서 우리 부부를 어떻게 사용하실지 조금은 기대가 됐다. 어느새 조급하던 내 마음도 안정감을 찾는 것이 느껴졌다. 덕분에 고민을 시작한 이래로 가장 편안하고 깊은 잠을 잘 수 있었다. 그리고 다음 날, 아침이 되자마자 남편과 내가 완전히 다르다는 걸 다시 한번 뼈저리게 깨달았다.

"탁! 탁탁탁. 탁탁!"
거실에서 반복적으로 요란한 소리가 들렸다. 잘못 들었나 싶어서 눈만 비비고는 멀뚱히 누워 있었다. 고개를 옆으로 슬쩍 내려서 보니 방문이 살짝 열려 있었다. 미처 꽉 닫지 못한 문틈으로 드리운 가느다란 불빛은 누워있는 내 발가락에 닿아있었다. 그제야 옆에서 곤히 자고 있어야 할 남편의 자리가 비었다는 걸 알아챘다. '벌써 일어난 건가?' 아직은 잠이 덜 깬 채, 이불 밖으로 나와 문을 열었는데, 인기척을 느낀 남편이 먼저 인사했다. "굿몰닝~" 남편의 반가운 인사가 귀여우면서도, 이게 무슨 상황인지 파악이 되지 않아 여전히 어리둥절했다.

시계를 보니... 4시 28분? 차가운 물 한 잔을 마시고 나서야 시간을 제대로 인지할 수 있었다. '응? 4시... 28분?' 정신이 번쩍 들었다. 분명 자정이 지나고 나서 잠든 것 같은데 남편은 왜 벌써 일어나 있는 건지, 지금 뭘 하는 건지 궁금했다.

"왜 벌써 일어났어? 뭐하던 중이야?"
"나 한숨도 못 잠... 아이디어가 나를 집어삼켰어."

이게 대체 무슨 소리인가. 들어보니 상황은 이러했다. 분명 자려고 누웠는데 어디서 스튜디오를 할지, 어떤 인테리어가 좋을지, 또 어떻게 운영해야 할지 꼬리에 꼬리를 물고 생각이 떠오르는 바람에 시간이 갈수록 정신이 또렷해졌다는 것이었다. 그래서 남편은 어차피 잠자긴 글렀다고 생각했고, 이럴 바엔 뭐라도 하자는 생각으로 노트북을 열어 이런저런 자료를 찾던 중이라고 했다. 잘 자고 일어난 나와는 다르게 벌써부터 뇌가 완전히 가동되어 움직이는 남편이 마냥 신기했다. 하나님이 얼른 움직여보라며 남편을 재촉하기라도 하신 걸까? 나 역시 남편의 실행력에 힘입어 열심히 찾아봐야겠다고 생각했다. 아, 지금은 좀 더 자고...

남편의 새벽 기상은 며칠 동안 이어졌다. 그러던 어느 날, 갑자기 주말에 임장을 가보자고 했다. "임장? 그게 뭔데?"라고 물었다. 임장은 보통 부동산을 사려고 할 때, 해당 지역을 직접 돌아다니면서 실제 시세를 확인하는 등, 인터넷에서 얻기 어려운 정보들을 찾아 탐방하는 것을 뜻한다고 했다. 크게 내켜 하지 않는 내 표정을 확인한 남편은 간 김에 그 동네 맛집도 다녀오자며 내가 혹할만한 제안을 했다. 맛집? 거절하면 섭섭한 제안에 홀린 듯 함께 하기로 했다.

가는 날이 장날이라고 했던가. 하필, 첫 임장을 가려고 나선 그날은 폭염주의보가 내렸다. 양산을 써서 내리쬐는 햇볕을 피해도, 아스팔트 도로를 타고 뜨거운 열기가 올라와 잠깐 서 있기조차 힘들만큼 숨이 턱턱 막혔다. 그늘 있는 곳에서 더위를 피하라고 재난 안내 문자까지 보내는 날씨에, 낯선 동네를 휘젓고 다니게 될 줄이야... 주변 상권이 가장 좋아 보이는 곳 근처에 무작정 주차하고, 새로 지은 지 얼마 안 된 것 같은 건물을 둘러보러 들어갔다. 임대, 매매라는 글자가 커다랗게 써진 현수막이 걸려 곳곳에 있었다. 상가 건물을 이렇게 구경 다닌 게 처음이라서 모든 게 신기했다. 아직

입주한 가게가 많지 않아서, 자유롭게 이곳저곳을 둘러볼 수 있었다. 여러 공간을 눈에 담으면서 자연스럽게 우리 스튜디오는 어떤 구조로 공간을 꾸미면 좋을지 상상해 보기도 했다.

사실, 솔직하게 첫 임장은 신기하고 재밌던 것보다도 너무 더워서 힘들었던 기억이 더 선명하다. 남편과 싸우지 않은 게 감사할 정도였으니까. 어찌어찌 임장을 마치고 더위를 식힐 겸, 또 배도 채울 겸 시원한 메밀 맛집을 찾았다. 식당까지 이동하면서 반려동물과 산책하는 가족부터 아이들을 데리고 나온 가족, 데이트하러 나온 신혼부부가 많이 보였다. 우리 스튜디오의 고객이 되면 좋겠다고 생각했던 대상이었다.

"여기 사람들 좀 봐~! 우리가 생각하던 고객들이 엄청 많은 것 같아!"
"그러게. 지금 걸어가는 중에도 아기 있는 집, 강아지들을 얼마나 많이 본 거지?! 진짜 사람 많네."

느낌이 좋았다. 이런 곳에 자리 잡으면 좋을 것 같았다. 남편은 최근 인천 서구, 그중에서도 검단 신도시에 인구 이동률이 가장 높다고 했다. 이야기로 듣기만 할 때보다 확실히 직접 와서 보니까 미래가 좀 더 구체적으로 머릿속에 펼쳐지는 듯했다. 그렇게 우리의 첫 임장이 끝났다.

◆

　두 번째 임장을 나섰다. 한 주 만이었다. 이번에는 조금 더 세세히 돌아보기로 했다. 그새 더위가 한풀 꺾인 덕분이었다. 남편은 조금더 적극적으로 직접 부동산마다 전화를 걸어 나와 있는 매물의 시세를 확인하고, 우리 예산에 맞는 후보들을 좁혀나갔다. 저번처럼 돌아다니기만 해서는 안된다는 걸 깨달았다. "들어가서 물어볼까?"

　후우- 왠지 떨리는 마음을 진정하려고 크게 숨을 내쉬고, 부동산 문을 열었다. 딸랑. 인상이 좋은 사장님이 친절한 목소리로 우리를 맞아 주셨다. 남편은 셀프 사진관을 준비하고 있다며, 좋은 자리 나온 게 있으면 소개해달라고 했다. 부동산 사장님은 이 주변에 부지런히 짓고 있는 아파트가 수두룩하고, 이미 완공된 아파트에는 입주한 사람들도 꽤 많아서 고정적인 유동 인구가 많을 거라고, 상권의 입지 조건이 좋다 했다.

　거기다 근처에 지하철역이 생기면 초역세권이 되고, 바로 건너편에 짓고 있는 아파트 단지가 검단역(가칭)과 지하에서부터 이어질 예정이라고 했다. 예상하는 시기에 모두 완공되지 않는다고 해도, 더 나아질 환경이 될 게 빤히 상상됐다. 사장님은 우리가 가진 예산과 상황에 맞춰 적합한 매물을 4~5개 보여주셨다. 각 매물을 둘러보면서 우리가 생각하는 스튜디오와 얼마나 적합할지 여러 요소를 꼼꼼히 따져봤다.

가장 먼저 보여준 A자리는 공간이 넓은 게 마음에 들었지만, 사람들이 잘 다니는 동선에서 벗어나 있었고 촬영을 하기엔 층고가 낮아 아쉬웠다. B자리는 채광이 좋았지만, 상가 구석에 위치한 데다가 공간이 협소했다. 마지막으로 C자리는 벽 한 면이 전체 통창으로 되어 있어서 깊이 들어오는 햇빛이 공간 안쪽까지 밝게 비췄고, 건물도 전반적으로 깔끔해서 마음에 들었다. 게다가 통창 앞이 광장이라 스튜디오가 사람들 눈에 잘 띌 것 같았고, 문 앞 복도를 수납 등 개인적 용도로 사용할 수 있다는 점에 호감이 더해졌다.

고민 끝에 우리는 마지막으로 본 C자리를 계약하면 좋겠다고 생각했다. 광장으로 나가서 우리 스튜디오 간판이 걸릴 위치를 상상하며 올려다보니, 한눈에 들어오는 게 더 마음이 갔다. 남편은 당장이라도 계약금을 걸고 싶은 눈치였다. 나도 마음에 들었지만, 막상 계약하려고 하니 선뜻 용기가 나지 않았다. 상의가 필요했다. "고민 좀 해볼게요."라며 남편 옷자락을 끌어, 부동산 사장님과 최대한 거리를 두었다. 소곤소곤, 또다시 짧은 토론이 시작되었다. 월세가 조금 높다고 생각했지만, 새 건물인 점과 위치가 좋은 점이 여기서 사업을 시작하기에 적합하다고 의견을 모았다. 무엇보다 아직 주변 아파트들이 다 완공되지 않았는데, 광장을 메우던 사람들을 눈으로 보니까 월세를 내지 못할까 봐 걱정하는 건 괜한 핑계라는 생각이 들었다.

'OOO 님께 이체 완료되었습니다'

바로 그 자리에서 계약금을 송금했다. 집으로 돌아오는 길, 남편과 새롭게 시작할 모험을 기대하며 조잘조잘 이야기가 끊이지 않았다. 문득 조수석 깊이 등을 기대고 창밖으로 시선을 옮기다가 유리창에 비친 내 모습을 보았다. 잘근잘근, 입술을 씹고 있었다. 평소의 나는 내 선에서 해결할 수 있는, 통제할 수 있는 범위에서만 일해왔기 때문에 앞으로의 미래가 전혀 예측되지 않았다. 불안 시스템이 또다시 가동된 것이었다.

마치 결혼을 처음 결심하던 때와 비슷한 느낌이었다. 괜한 걱정이었다 싶을 만큼 지금까지 결혼 생활을 잘 해내고 있는 걸 보면, 사업도 걱정과 달리 잘 해내겠지, 생각하기도 했다. 그런데 문득문득 정말 잘할 수 있을지 의심이 되고 무서웠다. 잘 해내지 못해서 망하게 되는 상황부터 머릿속에 그려지면서 가슴이 꽉 막힌 듯 답답해졌다. 심지어 스튜디오 계약에 필요한 보증금은, 코로나로 인해 미뤄둔 신혼여행을 가기 위해 모아놓은 목돈이었다. 스위스, 정말 가고 싶었는데...

멱살 잡고 끌고 가시는 하나님

보증금을 넣은 이후, 나는 닿으면 찔릴 것처럼 극도로 예민해졌다. 아무것도 손에 잡히지 않았다. 새로운 출발을 위해 준비하는 시간이 이렇게도 고통스러운 줄 몰랐다. 버스에 타고 있는 것도 아닌데, 멀미가 나는 것 같았다. 하나님을 찾으려 안간힘 썼지만, 기도하는 중에도 자꾸만 불안이 나를 막아섰다. 한 번은 예배를 드리는데 '그걸 계약한 건 잘못한 거야!!!'라는 말씀을 주시길 바라고 있다는 걸 깨달았다. 나는 신앙과 삶, 어느 것도 제대로 붙잡지 못했다.

그렇게 진짜 계약 날이 눈앞으로 다가오자, 나의 두려움은 한계치를 넘어섰고, 남편을 원망하기 시작했다. 조금만 천천히 했으면 좋았을 텐데, 갑자기 열심히 찾더니 계약 날까지 와버린 이 상황의 주범... 울분을 토해내기 시작했다. 내가 쏘아대는 말을 참고 있던 남편은 이렇게 대답했다.

"아니 그럼 내가 새벽마다 찾고 있을 때, 그때 말렸어야 했던 거 아니야? 아니면 기한을 정해두고 그때까지 찾아보자고 하던가. 바로 시작하면 될 것처럼 말해서 열심히 찾고 준비했더니, 사업 준비에만 집중해도 모자랄 판에 왜 이렇게 불만만 토하는 거야? 그럼, 지금이라도 늦지 않았으니, 계약금은 '비싼 수업 들었다.' 정도로 생각하고 다음에 다시 하자. 시작도 하기 전에 이렇게 불안해하면 나도 맥 빠져서 못 할 것 같아."

나를 아무리 설득해 봐도 안 되니까 결국 터져버린 남편의 말을 듣는데 아차 싶었다. 사업 시작도 전에 아직 발생하지도 않은 안 좋은 상황들을 상상하며 나에게 벌어질 사건인 것처럼 생각해 버렸다. 혹시나 그런 상황들이 들이닥쳐도 딱 견딜 수 있을 만한 정도만 주신다는 분이 우리 하나님이라고 어릴 때부터 귀가 닳도록 들어왔건만, 나는 이번에도 하나님을 온전히 신뢰하지 못했음이 들통나버렸다. 그 짧은 시간을 통해 회개함과 동시에 용기를 얻었고 남편에게 말했다. "아니야, 해보자. 나도 집중해 볼게."

그렇게 다시 차근차근 준비해서 임대차 계약까지 완료했다. 그래도 주인분과 잘 상의해서 인테리어 하는 기간에는 월세를 받지 않는 '렌탈 프리' 기간을 두 달 반이나 받을 수 있었다. '휴... 당장 월세를 내지 않아도 된다니...' 매달 나갈 돈이 없으니 살짝 마음이 놓이는가 싶다가도, 최대한 빨리 인테리어하고 영업을 시작해서 빠르게 수익을 만들어야겠다 싶었다.

지금 다니는 센터로 이직할 때, 남편은 나에게 "이곳에서는 3교대 때보다 환경이 좋으니까. 힘들었던 몸을 회복하면서 앞으로 어떤 것을 하고 싶은지 찾고, 다음 스텝을 준비하면 좋겠어."라고 했었다. 그런데 시간이 지나고 지금의 안정적인 삶에 익숙해지니까, 전투적으로 다음 단계를 준비할 생각을 하지 않았다. 그런데 이제는 나도 움직이지 않으면 안 되는 거다. 물러날 곳도 없는 상황, 이제는 움직여야 했다.

직장에서는 찾아볼 수 없으니 퇴근하고 온전히 모든 시간을 참고할 자료를 찾는 데에 시간을 쏟았다. 서로 카톡 방이 메모장이 될 수준으로 수시로 공유하고 서로의 업무를 체크했다. 퇴근했지만 다시 또 출근하는 기분이었다.

♦

 '요즘은 온라인을 뚫어내지 않으면 안 된다'는 이야기를 사업자들로부터 공통으로 들었다. 그래서 어떻게 우리를 알리고 상품을 판매할지 인스타그램, 스마트 플레이스, 블로그 등을 독학으로 공부했다. 유튜브와 인스타그램에서 무료로 강의를 한다는 사람이 있으면 찾아 듣기도 하고, 커뮤니티에 참여해 챌린지를 하면서 기술적인 성장을 시도했다. 그렇게 나는 상품 구성이나 인스타그램, 네이버 스마트 플레이스 같은 홍보 채널의 시스템 구축을 맡았다.
 남편은 이 스튜디오 사업을 시작하기 이전까지 인테리어 일을 배웠다. 그 경험을 살려 우리 스튜디오의 전반적인 인테리어를 담당하기로 했다. 그리고 나보다 기계를 잘 다루기도 하고, 마음에 드는 제품을 찾아낼 때까지 끝까지 파헤치는 사람이라 카메라와 모니터 등 하드웨어적인 부분을 맡아서 준비하기로 했다.

 서로의 장단점을 잘 아는 덕분에, 호흡이 척척, 업무 분장이 잘되었다. 평소에도 작은 일부터 함께 토론하는 일이 많았는데, 하나부터 열까지 진짜 업무 파트너로서 상의하면서 새로운 우리만의 공간을 꾸려나갔다.
 운명처럼 스튜디오 내부와 우리 집 구조가 거의 비슷했다. 크지 않은 공간이지만, 지금 우리 집도 알차게 잘 꾸며서 살고 있으니까, 충분히 스튜디오도 예쁘고 좋은 공간으로 만들 수 있을 거라는 자신이 있었다! 끊임없이 필요한 제품을 수시로 찾으면서 길이와 넓이, 높이를 재는 게 일상이 되었고, 집안 곳곳에는 정리할 틈도 없이 줄자와 펜, 종이가 굴러다녔다.

막막하게 시작한 것과 다르게, 훨씬 재미있었다! 왠지 하나님께서 멱살을 잡아서라도 끌고 가고 계신다는 느낌이 강력하게 들었다. 하나님은 내가 어느 정도의 환경이 준비될 때까지 움직이지 않는다는 것을 잘 아시고 남편을 먼저 움직이게 하셨다. 그리고 계약서를 써서 계획하던 것들을 실행해야만 하는 상황을 만드셨다. 아무래도 하나님은 각이 잡히지 않는 일은 잘 건드리려고 하지 않는 내 성격을 너무 잘 아셨다. 이런 내 삶에 남편이라는 메기를 풀어주셔서, 철저히 계획하고 움직이던 평소와 전혀 다른 방식으로 일하게 하셨다. 그리고 그렇게 만들어진 경험을 통해 '세상은 내가 생각한 것보다 두렵지 않을 수 있겠다'는 자신감이 생겼다. 무엇보다 하나님이 또 한 번 성장시켜 주신 것 같아서, 감사했다.

우리가 하나 되어, 목표를 뾰족하게

사업을 시작하기 전, 소정이 만큼 나에게도 고민이 참 많았다. 사실, 사업을 할 생각은 태어나서 해본 적도 없었다. 교회에서만 살던 내가 미지의 세계에 발을 들여놓는다는 건, 아내가 불안해하는 만큼이나 큰 부담이었다. 이전에 직장에 다니면서 크리스천이 크리스천답게 제대로 살기 위해서는 무엇이 필요할지 한창 고민하던 시기가 있었다. 정말 성실하고 꼼꼼하게 주님의 마음으로 모든 일에 임했지만, 나이 어린 직장 동료한테 모든 사람이 보는 앞에서 욕먹으면서 혼나고, 직장 내 고쳐졌으면 하는 부분을 열심히 어필했지만 '시키는 일이나 잘하라'며 또 한 번 욕 먹고... 그렇게 탈탈 털리기만 했다. 그런데 언젠가부터 새롭게 깨달은 것들을 실천하다 보니 실적이 높아지는 것은 물론, 동료들이 나를 대하는 태도까지 달라지기 시작했다.

인성까지 훌륭하면 너무 좋겠지만, 회사가 바라는 것은 회사의 이익을 높이고 일을 신속 정확하게 해내는 '일잘러'다. 그래서 깨달은 것은 못 해도 중간 이상 하려면, 꾸준한 자기 계발이 필요하다는 것, 정신력과 체력을 높이려면 꾸준한 운동을 해야 한다는 것, 여러 일을 동시다발적으로 하기 위해서는 시간 관리가 필수라는 것이었다. 그래서 더 일을 잘하기 위한 방법을 찾고, 쉽게 멘탈이 흔들리지 않기 위해 마음을 다스리는 데 집중했다.

고민 끝에 결론이 났다. 지금은 시간이 돈인 시대다. 오죽하면,

2024년 대표 키워드에 '분초 사회'라는 말이 나올 정도겠는가. 마음껏 봉사하고 다닐 수 있을 때까지 시간을 적게 쓰고 많이 벌어야 했다. 이를 위해 반드시 몰입하고 집중하는 시기가 필요한데, 그게 바로 지금인 것 같았다. 하루라도 빨리 창업해서 자영업자의 삶을 살아보고 사업가의 눈을 키워봐야겠다는 생각했다. 직장에 다니며 재테크로 돈을 버는 게 생계적으로 안정적일 수 있다. 하지만 우리의 비전을 중심으로, 각자에게 주어진 달란트를 성장시켜 '나만의 방법으로' 누군가를 도울 생각을 할 때 훨씬 더 큰 기쁨이 됐다. 그래서 우리가 하고 싶고, 잘할 수 있는 것에 초점을 두고 접근하는 게 맞다고 생각했다.

마침 아내의 현 직장 계약이 종료되기까지 시간이 얼마 남지 않은 상태였고, 나 또한 선택의 기로에 놓인 상황이었다. 나는 독립적으로 인테리어 사업체를 운영할지, 아니면 아내와 함께 할 사업을 준비할지 고민하고 있었다. 내가 본 인테리어 사업은 잘되면 돈을 잘 벌 수 있지만, 하자가 발생하거나 계약인이 돈을 지불하지 못하는 경우 이 모든 문제를 사장인 내가 해결해야 해서 적자가 날 수도 있었다.

돈을 많이 벌어서 한량처럼 편안하게 사는 삶을 원하는 것도 아니지만, 그렇다고 불안한 상황으로 끌고 가고 싶은 것도 아니었다. 그저 누군가를 돕고 싶을 때 시간과 돈 때문에 멈칫하지 않고 싶었는데, 리스크가 있는 것을 뻔히 알고도 진행하기에는 아내의 불안이 점점 더 커질 것이 분명했다. 그래서 아내와의 상의 끝에 결론적으로 함께 키워갈 사업을 선택하기로 했다.

아내와 올해 초부터 계속 기도하던 것이 있었다. 바로 '우리가 하나가 되어 목표를 뾰족하게 해달라'는 기도 제목이었다. 부부가 진심으로 하나 된 비전을 품는다는 게 정말 쉽지 않은 일이라는 걸 시간이 지날수록 깨닫는다. 혼자서도 신앙과 실력을 지키기가 힘든데, 이렇게 다른 점이 많은 두 사람이 어떻게 한 곳을 바라보며 함께 갈 수 있을까?

개인의 기도 시간도 지켜져야 하고, 함께 듣는 설교를 통해 '너의 잘못'을 발견해 내는 게 아니라 '나의 부족함'을 깨달을 줄 알아야 했다. 자존심을 굽혀 내가 상대방에게 먼저 미안하다고 말할 수 있어야 하고, 나에게 용기 내어 먼저 건넨 상대방의 사과에 "미안하다고 말해줘서 고맙다"며... 오히려 내가 먼저 사과하지 못한 것을 부끄러워할 줄 아는 겸손함이 필요했다.

문제는, 매일 같은 집 같은 방에서 지내다 보니 서로의 흠과 단점을 다 알고 있다는 것이다. 말이 쉽지... 그걸 고쳐보겠다며 아무리 어르고 달래고 화를 내도 바뀌지 않는 서로에게 실망만 커질 뿐, 있는 그대로 받아들이는 건 결코 쉬운 일이 아니었다.

어느 날, '우리 부부'의 삶을 위한 기도도 필요하지만, 무엇보다 각자의 자아가 확실히 깨지고 온전히 하나님께 맡겨드리는 게 우선이라고 생각했다. 그래서 가정 기도회 때 이 부분을 나눴고, 한 주

동안 느낀 각자의 부끄러움을 다 드러냈다. 그걸 듣고 비꼬거나 답답하다며 가르치려 하지 않고, 서로의 연약함을 위로했다. 때로는 진심으로 응원했고 때로는 파이팅 넘치게, 때로는 눈물 범벅이 된 채 기도회를 마쳤다. 그렇게 서서히 우리의 목표가 정말로 하나 되어감을 느꼈다.

◆

열심히 기도를 쌓아가던 중 사진과 영상 촬영이 취미인 나와 공간 꾸미는 걸 좋아하는 아내의 장점을 살려 사진 촬영 스튜디오를 운영해 보기로 했다. 처음에는 안정적인 수익을 내보겠다며 무인으로 운영되는 사업체나 프랜차이즈를 찾아봤다. 하지만 우리가 계속 말해오던 '우리만의 달란트'를 성장시키려면 결국 우리가 직접 움직이는 일이어야 했다. 텅 비어있는 공간을 분리해서 인테리어하는 것을 시작으로, 모든 전산 시스템을 구축하고 마케팅하는 것까지. 어떻게 끝날지 모르지만, 최대한 많은 경험을 해보자는 생각으로 달려들었다. 불확실한 미래에 던져진 우리를 주께서 더욱 성장시키실 것을 믿기 때문이었다.

아내는 늘 직장이 자기 회사인 것처럼 최선을 다해서 업무적으로도 인정 받을 뿐 아니라, 불편한 부분을 발견하면 개선하려고 노력하는 사람이었다. 그래서 분명 자기 사업을 할 때도 충분히 잘 해낼 능력이 있다는 것을, 늘 옆에서 지켜봤기 때문에 알 수 있었다. 하지만 그래서였는지 아내는 다니고 있는 직장에 익숙해져서 현재의 삶에만 집중하고 있었다. 계약 만료가 얼마 남지 않은 마당에, 다음을 위한 대책이 없는데도 아직 움직일 기미가 보이지 않았다. 그래서 생각했다. 내가 먼저 움직여야겠다고. 두려움이 없는 건 아니었다. 하지만 이상하게 자신 있었다.

내 가족 중 누구도 사업에 대한 경험도, 관심도 없었다. 오히려 여전히 내가 할 일은 교회 안에서의 사역인데 왜 이렇게 돈을 욕심내냐는 반응이었다. 아내 주변의 지인들도 "사업은 아무나 하는 것이 아니야"라는 분위기여서 선뜻 우리가 고민하는 것을 털어놓거나 도움을 요청할 곳을 찾지 못했다. 비빌 언덕? 손을 뻗을 곳? 그런 곳은 우리에게 존재하지 않았다.

뭐, 사람들의 반응도 충분히 이해됐다. 최근 코로나 팬데믹으로 인해 경제가 어려웠고, 지금도 여전히 사는 게 쉽지 않으니까. 거기다 부모님 세대는 국가 부도의 시기를 이겨내 왔으니, 대출을 받아 사업을 한다는 자녀들을 응원하기가 어려웠겠다. 게다가 주변에 사업하는 분들을 보면서 '사업은 아무나 하는 게 아니다'라며, 응원보다는 걱정하는 말이 먼저 나올 수밖에 없었을 것이다. 그래서 우리는 가족들과 만날 때마다 최대한 잘 지내고 있는 모습을 보여드리려고 했다. 그러면서 조금씩 우리가 가진 비전과 앞으로의 계획을 공유했고, 덧붙여 인간의 불안보다 훨씬 더 크신 하나님께서 앞으로도 우리를 잘 지켜주시기를 기도해달라고 부탁드렸다. 사실 이

기도 요청은 우리 스스로에게 하는 말이기도 했다. 정말 아무것도 없는 상태에서 무엇부터 해야 할지 막막했지만, 우리의 비전을 위해 멈추지 않고 움직여야 했으니까.

하나님 안에서 움직이기 시작하다

우선 망하지 않아야 했다. 하나님의 계획 안에 있다면서 망한다고 생각한다는 게 죄송스럽지만, 이보다 우리가 놓인 상황을 제대로 설명할 수 있는 표현은 없었다. 망하지 않으려면 어떻게 해야 할까. 그래서 처음으로 떠올린 것이 입지 조건이었다. 우선 사람이 많이 사는 곳에 터를 잡으면, 한 번이라도 방문하게 될 확률이 높아질 테니까. 그렇다고 서울로는 가기에는 월세가 너무 비쌌다.

차선의 선택으로, 우리 부부가 토박이로 살아온 인천을 중심으로 스튜디오 자리를 찾아보기로 했다. 자주 방문하는 단골 카페에서 마땅한 자리 고르는 게 너무 어렵다고 징징대는 모습을 본 팀장님이 "우리 대표님이 부동산 좀 아실 텐데 한 번 물어봐 줄까요?"라며 운을 띄워주셨다. 감사하게도 카페 대표님이 흔쾌히 어떻게 부동산 자리를 봐야 하는지 알려주셨다. 그 뒤로 나는 매일 아침 5시에 일어나서 부동산 지도부터 켰다. 그러다 이제 막 행정구역으로 지정된, 그래서 이름도 바뀌지 않은 동네를 발견했다.

'장사를 하려면 지역 인구가 중요하다'는 대표님의 말씀을 토대로 네이버에 '인천 인구수'를 검색해 보니, 인천 서구에 가장 많은 인구가 몰려 있었다. 며칠 동안 밤낮으로 손품을 판 덕에, 그중에서도 검단 신도시로의 인구 이동이 가장 활발하다는 걸 알 수 있었다. 현재 살고 있는 집에서는 차를 타고 평균 40분 정도를 가야 하는 거리. 계속 출퇴근할 것을 생각하면 사실 먼 거리였지만, 여기서부터 시작해 보기로 했다. 움직이다 보면 더 좋은 대안이 나올 수도 있으니까. 주중에는 혼자서 유동 인구를 조사하고 직접 가서 둘러보기도 했다.

주말에는 아내와 함께 가면 좋겠다고 싶어서, 슬쩍 말을 꺼내 봤다. 아내는 조금 시큰둥해 보였지만 맛집이라는 필살기를 던지니 표정이 밝아진다. 휴대전화를 쥐고 이것저것 찾아보며 콧노래를 흥얼거리는 모습이, 어째 기대하는 얼굴이다. 그렇게 우리의 첫 임장이 시작되었다. 딱 하나, 하나님이 원하시는 곳을 발견할 수 있길 기도했다.

아내와 함께 찾은 검단 신도시는 완공된 지 얼마 되지 않은 새 건물들 사이로, 높은 빌딩과 아파트들이 세워지고 있었다. 주변에는 진행 중인 공사가 한창이었는데, 규칙적으로 들리는 소음들이 마치 '이 동네 사람 많아서 얼른 입점 하는 게 좋을 거야!'라며 함성을 지르는 것처럼 느껴졌다. 아직 완성되지 않은 동네에도 불구하고, 많은 사람이 나와 있어 우리 생각에 힘을 실어주는 듯했다.

비어있는 건물에도 들어가 이곳은 어떻고, 저곳은 어떤지 사진과 영상을 찍어가며 후보군을 추려냈다. 정리한 내용들을 가지고 근처 부동산에 들어가 우리가 조사한 것과 비교해 보면서 조건에 맞으면서 괜찮은 곳을 찾아보려 노력했다. 하지만 사업에 대한 생각이 확정된 지 얼마 안 된 게 함정이었다. 우리끼리도 스튜디오를 차려야겠다고만 생각했지, 구체적으로 그걸 어떻게 준비하고 운영할지 정하지 않은 상태여서 뭐가 '좋은 조건'인지 기준을 세우기도 어려웠다. 역시나 가장 큰 걸림돌은 적지 않은 비용이었다.

신도시의 수요가 반영된 부동산의 가격은 '이게 맞나' 싶을 정도로 높았다. 그래서 다시 집에 돌아와 다른 인천 지역을 찾아봤다. 확실히 검단 신도시보다 보증금과 월세가 낮았지만, 대부분 비싼 권리금이 포함되어 있거나 우리 스튜디오를 이용할 만한 고객들이 살지 않는 동네이거나, 건물이 너무 노후되어 추후 수리 및 유지 비용을 들여야 할 것 같았다. 망하지 않아야 하는 우리는 리스크를 최소화해야만 했다. 비교해 보니까 선택을 위한 기준이 분명해졌다. 초기 비용이 많이 들어도, 더 많은 수익이 예상되거나 유지 및 보수 비용이 최소한으로 발생할 곳으로 선택하는 것이 우리에게 더 맞는 선택이었다.

◆

계약서에 도장을 찍는 동시에 좋은 사람들을 만났다. 부동산 이사님은 우리 부부에게 도움 될 정보를 공유해주거나, 필요한 업체와 연결해 주기 위해 노력하셨다. 건물 관리소장님은 최대한 불편함 없이 시설을 사용할 수 있도록 흔쾌히 허락을 해주셨다. 에어컨 사장님은 젊은 친구가 싹싹하고 올바른 정신을 가졌다며 기분 좋다고 밥을 사주셨고, 목공 사장님은 현장 선배로서, 인생 선배로서 여러 조언을 아끼지 않으셨다. 신기하게도 스튜디오 준비를 본격화하면서 좋은 사람들이 척척 붙었고, 그 좋은 사람들이 또 좋은 사람들로 이어졌다.

아내는 내부 시스템 구축을, 나는 인테리어 사업 경험을 살려 대부분 셀프 인테리어로 하기로 결정했다. 경험도 경험이지만 초기자금을 최대한 절약하기 위해서였다. 물론, 경험상 정말 어려운 시공은 그냥 전문가에게 맡기는 게 좋겠다는 생각이었다. 그런데 아내가 요즘 인스타그램 릴스에서 '셀프인테리어 성공기'를 많이 봤다며, 직접 인테리어를 하는 모습을 촬영하면 재미있는 콘텐츠가 될 거라고 좋아했다. 그 모습이 너무 귀여웠는데, 이때 내가 좀 더 말렸어야 했다...

그동안 인테리어 일을 직접 하면서 많은 걸 배웠지만, 스승의 도움 없이 아무것도 없는 공간을 디자인부터 직접 시공하며 채우는 건 처음이었다. 현장 규격을 직접 줄자로 재보기도 하고, 구매하려는 제품과 크기가 비슷한 종이상자를 주워다가 머릿속 시안대로 옮겨보기를 반복했지만, 도통 감이 잡히지 않았다. 그래서 스승이 사용했던 3D 그래픽 프로그램을 찾아서 설치하고, 이것저것 하나씩 그려서 모니터 속 공간을 채워 나갔다.

프로그램 자체가 고사양이라, 웬만한 컴퓨터로는 엄청나게 느려져서 잘 실행되지 않는 바람에 파일을 날린 적도 여럿 있었다. 하지만 내가 누구인가. 나로 말할 것 같으면, 어릴 때부터 소음이 심하고 툭하면 꺼지던 컴퓨터로 동물 철권 게임을 끝판왕까지 깬 심지가 곧은 자. 모르는 건 인터넷으로 찾아보며 밤낮으로 디자인했다.

첫 번째, 두 번째... 그러다 여섯 번째 시안까지 만들었을 때, 드디어 마음에 드는 구조가 보이기 시작했다(실제 최종본은 아홉 번째 정도 시안이었다). 그다음으로는 스튜디오의 큰 틀이 되는 가벽을 세웠다. 가만히 서 있기만 해도 숨이 턱턱 막히는 여름, 드디어 뭔가 제대로 시작되는 것 같았다.

공간이 작아서 어려울 만한 부분은 없어 보였다. 사실 스승과 일할 때 가장 많이 해본 게 목공이라서 자신이 있었다. 거기다 요즘은 조금만 손품을 팔면 필요한 정보를 얻기가 쉬웠기 때문에 모든 작업을 직접 해볼 생각도 있었다. 그런데 이런 나의 계획을 들은 인테리어 스승은 "사업은 이거 말고도 해야 할 거 많아. 힘든 건 차라리 사람을 쓰는 게 좋을 것 같은데. 나중에 너 지친다?"라며 몇 번이고 말렸다.

솔직히 정말 할 게 많았다. 나는 체력이 떨어지면 자연히 집중력도 저하되어서 스승의 말을 그냥 흘려들을 수가 없었다. 그래서 아는 목수분들에게 연락했지만, 다들 사전 일정이 있어서 아쉽게도 전혀 모르는 다른 목수님을 찾아야만 했다. 다행히 적절한 비용으로, 빠르게 작업해 주시는 분을 만났다. 분명 아주 순조롭게, 계획대로 되어가고 있었다.

 나는 이 모든 과정을 기록으로 남기기 위해, 열심히 영상과 사진을 찍었다. 촬영한 것들은 브이로그와 가게 홍보 영상으로 만들고, 우리의 시작을 함께 해주신 시공업체 사장님들께도 선물로 나눌 생각이었다. 스스로 해낸 생각이 기특했다. 무엇부터 시작해야 할지 몰라서 막막하던 때와는 다르게 이래도 되나 싶을 정도로 너무 착착 잘 풀려갔다.

 덕분에 예정보다 일주일은 더 빨리 개업할 수 있을 것 같았다. 그렇게만 되면 비용과 시간, 체력까지 모두 아낄 수 있다는 게, 당시 우리 부부에게는 어떤 선물보다 기쁘고 좋았다. 하나님이 우리를 위해 미리 준비해 두신 것만 같았다. 아직 젊은 부부가 새로운 길을 개척해 나가는 모습을 기특하게 여기고 모두 잘 챙겨주셨.

 '사업은 어릴 때 할수록 유리한 점이 많은 거구나!' 생각했다. 같이 사업하자며 계획을 세우던 날부터 부동산 임장을 다니고, 스튜디오를 계약한 날, 그리고 인테리어 공사 계획을 세우고 목공 작업에 들어가기까지... 이 모든 과정이 몇 주 만에 일어난 일이었다. 하나님의 멱살 캐리(?) 덕분에 모든 게 착착 진행되었다.

 약 1년 동안 우리가 하나 되어 목표를 뾰족하게 해달라고 기도했던 것이 점점 구체화하는 것 같았다. 기도하면서 행동하니, 하나님의 만지심이 삶에서 나타나고 있었다. 아내와 얼싸안고 춤이라도 추고 싶을 만큼 흥이 났다. 예상보다 목공 작업도 일찍 마쳤다. 정리를 마치고 기쁜 마음으로 목공 사장님께 "또 봬요!" 메시지를 보내던 순간, 모든 고난의 시작을 알리는 소리가 스튜디오를 채우기 시작했다.

 탁... 탁.. 탁! 탁탁탁탁탁탁...!
이때까지만 해도 몰랐다. 앞으로 어떤 일이 펼쳐질지.

부부의 대화

소정 : 나는 도전하는 걸 좋아한다고 생각했는데… 불안정한 미래를 보고 도전하는 건 또 다른 영역이라는 걸 이번에 알았어. 안정적인 걸 취하려는 마음이 훨씬 더 큰 사람이었더라고.

희구 : 솔직히 나도 그때는 혼자 담대한 척, 자신 있는 척 했지만, 많이 두렵고 막막했어. 그런데 우리 부부가 말씀 따라 잘 걸어가려고 하니까, 오히려 우리의 인간적인 두려움이 하나님의 계획을 막고 있다는 느낌을 받았던 것 같아.

소정 : 맞아! 그래서 하나님과 함께 울고 웃으며 동행하는 게 어떤 삶인지, 온몸으로 깨닫고 있는 것 같아!

희구 : 생각해 보면, 인간의 작은 두려움보다 훨씬 크신 하나님을 신뢰하라고 이렇게 일사천리로 일을 진행하신 게 아닐까 싶더라. 그래서 나온 거였어. '우리가 하나가 되어 뾰족하게 해달라'던 기도 제목.

소정 : 아, 그런 깊은 뜻이 있었구나?^^ 그때는 너무 겁나서 이게 맞나 싶었는데… 오빠의 실행력이 없었다면, 우리는 아마 지금까지 아무것도 시작하지 못했을 거란 생각이 들더라.

희구 : 전에 내가 "내가 아는 여보라면 솔직히 3년 뒤에나 도전하지 않았을까? 내가 움직여서 3년 벌었다고 생각해 줘~"라면서 너를 설득했었지^^

소정 : 솔직히 힘들어질 때마다 오빠의 실행력을 원망하는 마음이 가끔 찾아오지만, 오빠가 했던 말을 기억할게.

희구 : 그렇게 생각해 주니 고마워~ 그런데 나한테도 어떻게 그런 실행력이 나왔는지 아직도 모르겠어. 너도 그동안 봐 와서 알겠지만, 내가 막 엄청 빠릿빠릿하진 않잖아...? 이건 정말 하나님이 내 멱살 잡고 끌고 가셨다는 게 맞는 것 같아.

소정 : "제발 좀 움직여라, 이 게으른 종아!" 이런 뜻 아니었을까? ㅎㅎ 그 와중에 내 불안까지 감당하느라고 정말 고생 많았어. 그래도 그 짧은 기간 동안 나 많이 컸지? 앞으로 더 클 거니까 기대해~ 하나님 손 잘 잡고 가보자!!!

희구 : 역시 키우는 맛이 있다니깐 ㅎㅎ 너도 내 부족한 모습을 잘 참아주고 있는 거 알고 있어~ 나도 늘 고마워!!! 지금처럼 화이팅 해보자구, 내 평생 동역자!!!

부부의 기도

하나님.
저희 부부에게 새로운 일을 시작하는데
가장 큰 적인, 실패를 두려워했던 마음과
하나님을 온전히 신뢰하지 못하는 마음이 있었음을 회개합니다.

이런 불안한 마음 밭에도 우리의 기도를 기억하시고
우리의 마음과 행동을 이끌어주셔서 감사합니다.
각자에게 주어진 달란트를 땅에 묻어두지 않게 하시고
숨겨진 달란트를 찾는 과정이 쉽지 않아도,
물러서지 않고 최선을 다할 수 있도록 해주세요.

발견한 달란트를 잘 훈련해서
하나님 나라와 이웃을 위해 이타적으로 흘러가게 도와주세요.
비록 실패하여 넘어질지라도 주 안에 있게 하시고
지금까지 그러셨던 것처럼 우리의 약함을 들어 쓰시고
실패 경험 또한 복음을 전하는 스토리로 만드셔서
결국 하나님의 원하시는 때에 사용하실 것을 믿습니다.

믿음으로 한 발 한 발 내디딜 때,
그 모든 순간에 주께서 부어주시는 사랑과 은혜를
온전히 느끼며 걸어갈 수 있도록 도와주세요.

4

모든 자원을 집중해서 문제를 풀어라

재미난 변수 인생, 시작

 인생에는 늘 수많은 변수가 있었다. 쇼핑몰에서 자동차 열쇠를 두고 온 게 생각나서 바퀴 옆에 선물을 잠시 숨겼는데, 열쇠를 찾아서 돌아오니 선물이 사라졌던 일. 도로변에 주차해 두고 식사하고 나오니까, 차 없는 거리 시간이 끝나서 우리 차만 길 중앙에 덩그러니 놓여 있던 일. 큰맘 먹고 운동하려고 헬스장에 갔는데 하필 휴무일이던 일 등. 그런데 그놈의 변수가 이번에도 나타날 줄 몰랐다. 그것도 인생 최대의 스케일로.

 우리 부부는 2년 동안 신혼집에서 10번 넘게 인테리어를 바꿨다. 지인들이 놀러 오면, 이번에는 어떤 변화가 있었는지 찾는 재미가 있다고 할 정도로 12평 남짓한 공간을 한시도 가만히 두지 않았다. 그건 우리 부부의 취미이기도 했고, 구조를 바꿀 때마다 최고의 배치를 만나게 되는 점이 매력적이었다. 우리의 공간은 실용주의자인 남편과 예쁨주의자인 내가 만나, 효율적이면서도 우리만의 무드로 채워졌다.

집 안 구석구석 예쁜 곳을 찍어 인스타그램에 하나씩 올리는 건 또 다른 나의 취미가 되었다. 어느 날 '오늘의 집' 에디터로부터 온라인 집들이 콘텐츠 발행을 제안하는 연락을 받았다. 하나씩 꾸준히 올리던 게시글을 눈여겨봤나 보다. 발행한 글이 오랜 기간 상단에 노출되기도 했다. 작은 공간이라 가구 배치 하나까지 중요하게 생각하면서 여러 가지 시도를 해봤던 게 사람들에게 도움이 된 모양이다. 900명 넘는 사람들의 스크랩 수는 그동안 공간 활용을 위해 지속해서 움직인 우리의 노력에 대한 보상 같았다.

계약을 완료한 스튜디오 공간은 11평, 크진 않아도 입지가 좋아서 잘 골랐다고 생각했다. 신혼집을 통해 작은 공간도 효율적으로 잘 사용하는 우리만의 데이터가 있으니 자신 있었다. 남편과 몇 날 며칠 동안 머리를 맞대어 고민했다. 여러 시도 끝에 최종적으로 찾아낸 시안은, 마음에 무척 든 나머지 서로 부둥켜안고 기뻐했다. 이때까지는 매번 놀랄 정도로 상황이 딱딱 맞아떨어졌다. 하나님의 계획하심 안에서 진행되는 모든 과정이 행복 그 자체였다.

"역시 버려지는 경험은 없어! 하나님은 정말 대단하시다!"

이전에 남편이 인테리어 일을 했던 게 큰 도움이 됐다. 남편은 직접 체험을 통해 얻은 경험은 절대 잊지 않고 자기 것으로 만드는 사람이었다. 하나님은 남편을 너무 잘 아시니까, 일부러 그 시간을 경험하도록 허락하신 게 아닌가 싶었다.

남편은 스튜디오의 메인 촬영장이 될 큰 방이 일반적인 일자 형태의 벽이 아니길 원했다. 촬영하면 전체가 깨끗하게 한 면처럼 보이도록 곡선이 들어간 호리존 시공을 원했다. 그런데 이 부분은 잘 운영하기 위해서도 신경 쓸 부분이 많았다. 그래서 남편은 호리존 시공의 목공 시공만큼은 전문가의 도움을 받고 싶어 했는데, 나는 "유튜브 보면서 해보는 게 어때?"하면서 남편을 설득해 보려 했다. 사실 나는 돈을 아끼고 싶었다. 하지만 남편은 이 작업을 튼튼하고 안전하게 시공해야 한다는 신념이 있었다.

"내가 만들 수는 있지. 그런데 간소화 해서 만들었다가 혹시라도 누가 다치기라도 한다면, 오히려 지금보다 더 큰 돈이 들 수도 있어. 그게 바로 큰일이 되는거야."

늘 '만약'의 상황을 대비하면서 준비하던 남편은 엉성하게 준비했다가 누군가 다칠 수도 있는 상황을 염두에 두고 있었다. 남편의 말을 듣고 나서야, 역시 빠르게 가려는 것보다 올바르게 가는 것이 중요하다는 생각했다. 그리고 돈은 아껴야 할 데가 있고, 투자해야 할 데가 있다는 것을 깨달았다. 중요한 부분인 만큼 아는 목수분들게 맡기고 싶었지만, 하필 다들 일정이 있으셨다. 아쉽게도 전혀 모르는 다른 목수분을 찾아야만 했다.

  집념의 사나이인 남편 덕분에 실력도, 인성도 좋은 목공 사장님을 만나게 되었다. 드디어 첫 공사 시작! 처음에 예상하기로는 대략 3~4일 정도가 걸릴 거라고 했는데, 사장님이 엄청난 속도로 공사를 진행해 주셔서 거의 이틀 만에 공사가 완료되었다. 시작이 이렇게 좋아도 되나?

  현장에 있던 남편을 통해 공사를 잘 마쳤다는 연락을 받았다. 동시에 텅 비어있던 공간에 틀이 잡힌 사진과 영상도 전달받았다. "우와~ 여기 진짜 뭐 하는 곳 같다!!!" 이 속도면 금방 개업할 수 있을 것 같았다. 나도 개업 시기에 맞춰 예약이 가능하도록, 얼른 시스템을 완성해야겠다는 생각이 들어서 공부에 열중하고 있었다. 그런데 몇 분이 지났을까. 다시 남편에게서 동영상이 하나 전송됐다. "우리 부자 되려나 봐!"라는 문자와 함께 도착한 영상에는 시공이 완료된 매끈한 나무 위로 물이 쏟아지고 있었다. 개업 날만 기다리고 있던 우리 스튜디오 천장에서 물이 새고 있었다.

  "인생 재밌다."

  남편이 보낸 문자에 헛헛함이 가득한 게 느껴졌다. 이게 꿈이 아니라 실제로, 지금 벌어지고 있는 일이구나... 집에서 청천벽력 같은 상황을 전해 듣고 멍해졌다. 바로 남편에게 전화했는데 받지 않았다. 온갖 두려움이 몰려왔다. '앞으로 공사는 어떻게 되는 거지?',

'우리가 시공하면서 배관을 건드렸나?' 지금까지 척척 잘 진행되던 일들이 마치 운수 좋은 날처럼 느껴졌다. '하. 별일 아니어야 할 텐데...' 앞으로 펼쳐질 상황이 전혀 상상되지 않았다. 그 와중에 나는 남편이 "우리 부자 되려나 봐."라고 했던 말이 생각나서 검색창에 '물벼락 맞으면 부자 되나요?'를 물었다. 별 시답잖은 내용만 나오는 걸 확인하고 나서야 이런 거나 찾고 있는 스스로가 한심하다는 생각이 들었다. 그리고 하나님이 듣길 바라는 마음으로 중얼거렸다.

'주님, 부디 무사히 일이 해결되게 해주세요'

걱정이 산더미처럼 쌓이기 직전, 남편과 연락이 닿았다. 다행히도 우리 공사를 진행한 목공 사장님 때문에 발생한 문제가 아니었다. 건물 자체의 문제였다. 건설 업체에 말하면 보상받을 수 있을 거라는 말로 남편은 나를 안심시켰다. 그러고는 물을 받을 만한 박스를 구하러 다녀오겠다며, 다시 연락이 두절되었다.

남편이 집에 돌아왔을 땐 얼굴에 지친 기색이 역력했다. 떨어지는 물이 더 이상 바닥을 적시지 않도록, 임시로 박스와 쓰레기통을 받쳐두고 왔다고 했다. 그 와중에 물을 받을만한 통이 없어서 동네 구석구석을 다니면서 주워 온 박스였다고 했다. 그걸 찾기 위해 고군분투했을 모습을 떠올리니까 너무 속상했다.

하필 오늘이 주말이라, 관리소장님만 잠깐 왔다 가셨고 건설 업체에 연락만 해두는 것 말고는 방도가 없었다. 그저 오늘밤을 무사히 잘 보내고, 내일은 부디 일이 해결되기를 기도했다. 다음 날, 나는 스튜디오도, 남편도 걱정됐지만 센터로 출근해야 했다.

'어떻게 됐을까?', '업체로부터 연락은 온 걸까?' 수없이 울리지 않는 휴대전화를 들었다 놓길 반복했다. 그런데 어제보다 더 기가 막힌 상황을 전해 들었다. 물 새는 것을 해결하러 왔다던 업자가 고인 물을 빼내야 한다면서, 바닥에 물 받을 어떠한 준비도 없이 그라인더로 배관을 갈라버렸다는 것이다. 그 덕분에(?) 우리 호리존 바닥이 오롯이 그 물을 다 받아버렸다. 진짜 최악이다.

이보다 더 나쁠 수 있을까 싶었는데, 상황이 더 악화됐다. 업체와 보상에 관해 이야기하는데, 현재 본인들의 상황이 좋지 않다며 최대한 상황을 회피하려고 했다. 시멘트 바닥이었다면 모르겠는데, 이미 목공 작업을 마친 나무는 이야기가 다른 문제다.

이 상황을 어떻게 해야 할지 몰라서, 남편은 목공 사장님과 다른 전문가분들께 조언을 구했다. 만장일치, 한 분도 빠지지 않고 "모두 철거하지 않으면 추후 뒤틀림이나 갈라짐 등의 하자 문제가 불가피하다"라는 슬픈 소식을 전했다. 이틀 만에 완성됐다고 좋아했는데, 다시 시작해야 하는 상황이었다. 아니 오히려 철거 후 새롭게 시작해야 하는 상황이니 일은 더 복잡해졌다.

하나님! 너무하시는 거 아닙니까?

"이건, 저희의 의견이 아니라 목공 전문가분들의 의견입니다."

남편이 우리 부부의 사적인 판단이 아니라는 것을 충분히 어필하면서 보상에 관해 협의하려 했지만, 돌아오는 대답은 '선처를 부탁한다'는 것 뿐이었다. 보상을 해주겠다고 하긴 했다. 하지만 얼마를 원하시냐며 돈 몇 푼으로 이 상황을 모면하려는 듯 보였다.

전체 철거하고 다시 시공하려면 시간도 잃고, 철거 비용에 폐기물 처리 비용, 재시공 비용까지... 매일 적어도 2명 이상의 인원이 붙어야 하니까, 초기 시공 비용보다 거의 2배 가까운 비용이 필요했다. 그래서 우리가 필요한 비용을 말하니까 말도 안 된다며 손사래 치더니, 우리가 제시한 비용의 고작 10퍼센트 밖에 안 되는 금액을 보상해 주겠다고 했다. 미친, 욕이 절로 나왔다.

심지어 합의하겠다고 연락한 담당자의 태도는 더 기가 찼다. 그는 전혀 미안해하지 않았다. 참고 또 참던 남편도 한계라고 느꼈는지, 내게 말했다. "소송할까?" 우리가 100퍼센트 피해자라서 소송을 하면 무조건 이기는 상황이라고 알고 있었다. 그래서 끝까지 가보겠다는 마음이었던 것 같았다. 계속해서 의견이 좁혀지지 않자, 남편은 결국 "계속 이렇게 하시면 소송하겠다."고 전했다.

나는 상황이 복잡해지는 게 싫었다. 그래서 웬만하면 소송까지 가지 않고 원만히 해결되는 방향으로 가길 바랐다. 그런데 업체의 태도에 화가 나기는 나도 마찬가지였다. 상황을 해결하기 위해 남편과 건설사 직원, 건물주, 부동산 사장님이 만났다. 그런데 그 자리에서 자기를 고집 세고 세상 물정 모르는 놈으로 몰아가는 상황에 외롭고 서러웠다고, 애써 침착하게 이야기하는 남편의 모습을 보니 눈물이 났다. 자기편은 하나도 없는 것 같았다고 했다. 그 자리에 내가 함께 있지 못했다는 것도 화가 났다. 같이 있었다면 욕을 한 바가지 해줄 수 있었을 텐데. 테이블에 놓인 냅킨을 힘껏 움켜쥐었다. 우리 편이 아무도 없는 이 상황이 너무 속상했다. 그래서 하나님께 일러 바치듯 너무 외롭다고 외쳤다.

"우리가 힘이 없어서 이런 대우를 받는 것 같아요! 이 세상을 지으시고 만드신 가장 위대한 하나님이 우리 아버지인데, 자녀 된 우리는 온갖 수난을 받고 있고! 우리 편이 하나도 없어요!"

◆

소송까지 이야기 나온 상황에서 가만히 있을 수 없었다. 여러 지인에게 연락을 돌리며 도움을 요청했다. 때마침 지인이 친한 친구 아버지가 변호사고, 자기도 어렸을 때부터 봐왔던 분이라 본인을 통해서 연락하면 잘 도와주실 거라고 했다. 하나님이 우리의 기도를 들으신 걸까? 마치 하늘에서 동아줄을 내려주시는 듯했다. 지인은 우리의 상황이 시급하다 보니 빠르게 변호사님께 우리를 연결해 줬다.

변호사님과 통화하면서 내심 '확신'을 주시길 기대했다. 우리의 상황이 억울한 게 분명하다고. 이번 일로 손해를 봤으니까, 우리가 소송을 통해 확실히 보상받고, 좋은 결과로 이어질 수 있다는 말이 필요했다. 승리할 싸움이 분명하니, 우리를 도와주겠다고 하면 좋겠다고 생각했다.

그러나 현실은 달랐다. 상황을 입증할 수 있는 분명한 증거가 필요했다. 피해 본 것은 사실이라 보상을 받긴 하겠지만, 겉으로 보기에는 햇빛에 이미 다 말라버린 나무의 속내를 들춰볼 수도 없어서 사실 입증이 애매했다. 그리고 가장 큰 문제는 소송을 해서 이긴다고 해도 결국 우리에게 마이너스가 될 거라는 점이었다. 변호사 선임 비용과 시간, 체력까지 전반적인 것을 다 고려해 보면 그랬다.

너무 착잡했다. 물 없이 고구마를 집어삼킨 듯 가슴이 꽉 막힌 듯했다. 사고를 낸 업체가 소송이라는 말에 겁먹지 않고 배짱 있게 "네, 소송하세요~!"라던 이유가 이것 때문이었을까? 우리 같은 개인은 이런 상황에 부닥치면 돈을 더 잃고, 시간과 체력을 잃고, 정신적 피해도 본다는 것을 알게 되었다. 유일하게 남는 거라고는 이겼다는 쓸모없는 승리감이려나. 무슨 부귀영화를 누리겠다고 그렇게까지 해야 하나 싶었다.

변호사님은 우리가 원하면 내용 증명을 보내는 것까지는 도와줄 수는 있지만, 최대한 원만히 잘 합의되면 좋겠다는 조언을 하셨다. 변호사님은 우리를 위해 실질적인 조언을 해주신 거겠지만, 우리가 바라던 대답은 "잃을 것 없다! 무조건 소송 가자!"라거나, "상황이 애매하니 소송까지 하지 않고도 이기는 방법을 알려주겠다"라는, 적어도 명쾌한 정답이어야 했다. 소송하겠다며 큰 소리를 뻥뻥 내질렀는데, 뱉은 말을 다시 주워 담아야 하는 이 상황이 자존심 상했다. 가진 힘이 없다는 사실이 분하고 숨이 턱 막혔다.

변호사님과의 통화가 끝나고 휴대전화를 내려놓으면서, 어떻게 반응해야 할지 오만가지 생각을 했다. 서로 다른 곳을 바라보았다. 눈이 마주치면 분명 좋은 소리가 나오지 않을 거란 걸 서로 알고 있었다. 적막해진 공간을 채우는 건, 우리의 한숨 소리 뿐이었다.

나는 이 적막을 깨버리기로 했다. "우리 나갈래? 나 집에 있다간 미쳐버릴 것 같아…" 이 답답함을 토해낼 곳이 필요했다. 그길로 바로 뛰쳐나와 차를 타고 15분 정도 떨어진 근처 체육공원을 향했다. 밤 10시. 모두가 퇴근했는지 운동장 주변은 아무런 차량도 다니지 않았고, 트랙을 비추던 환한 조명들도 하나둘 꺼지기 시작했다. 누가 먼저랄 것도 없이, 아무도 없는 운동장을 걷기 시작했다. 그러면 좀 나아질 줄 알았는데… 공기 중에도 우울함이 묻어있는 것 같았다. 그래서 우리는 전략을 바꿨다.

속상하고 답답하고 울적한 마음을 잊기 위해서, 아무 생각 없이 달리기 시작했다. 이내 우리 부부의 귓가에는 바닥을 박차고 달리는 소리와 튀어나올 듯 빠르게 뛰는 심장 소리만 들렸다. 얼굴이 온통 땀으로 범벅되고 숨을 헐떡일 정도로 뛰어본 게 대체 얼마 만인지… 이제 좀 살 것 같았다. 그런데 가쁜 숨이 잦아들고 나른한

풀벌레 소리가 더 커지니 우울함이 몰려오는 것 같았다. 뭘 해도 안 되는 상황에, 지금 이곳에서만 해볼 수 있는 마지막 방법을 써봤다.

"하나님!!! 도대체 왜 이러시는 거예요! 너무 힘들잖아요. 감당할 수 있는 시련만 주신다고 했으면서! 이걸 어떻게 감당하라고요! 네!? 대답 좀 해봐요!!"

하나님께 빼액 외치고 나니까 속이 좀 후련했다. 이 기세를 몰아 계속해서 실컷 원망했다. 뛰면서 원망하고, 걸으면서 원망하고, 누워서 원망하고… 살면서 이렇게 많이 원망해 본 적이 있나 싶었다. 신기하게도 신나게 토해낸 이 방법이 가장 좋은 효과를 발휘했다. 금세 기분이 좋아져서 남편이랑 이런저런 대화를 나누는데, 갑자기 한 음성이 내 마음에 훅 들어왔다.

'뭘 잘한 게 있다고 나한테 소리만 지르고 있는 거니?' 내 생각이라고 하기엔 너무 생생하게 찔렸다. 방금 내가 무슨 짓을 한 건지… 도움을 구할 땐 언제고, 상황이 어려워지니까 하나님을 원망한 걸 들킨 민망함과 부끄러움에 얼굴이 화끈거렸다.

"아버지… 죄송해요. 평소에 별일 없을 땐 잘 찾지도 않았다가, 힘들어 죽을 것 같으니까 손 내미는 양심 없는 딸인 거 아는데요. 그래도 조금만 도와주세요. 너무 힘들어요. ㅜㅜ!"

모르는 사람이 보면, 이랬다저랬다 하는 게 꼭 미친 사람 같았을지도 모르겠다. 하지만 그만큼 당시 우리의 상태가 좋지 않았다. 특히 나는 남편과 밥을 먹다가도 울거나 웃었고, 스트레칭하다가도 조용히 눈물을 훔칠 정도였다. 그래도 소리 지르면서 달리고 나니 답답한 마음이 조금은 해소된 듯했다.

사업을 준비하면서, 일이 잘 풀리고 마음이 편할 때는 "하나님 덕분이에요~!" 라는 말이 절로 나왔지만, 상황이 나빠지니까 하나님께 하소연하기 바쁜 내 모습을 발견하게 하셨다. 최근 열흘 사이 우리에게 발생한 일을 겪으면서, 나는 마치 1분이 10년처럼 흘러가는 듯했다. 태어나서 이렇게까지 아무것도 할 수 없이 나약한 나를 마주한 건 처음이었다. 남편도 나도, 여전히 온 세상 고생을 다 떠안은 듯 피폐한 몰골이었지만, 이 시간을 통해 다행히 다시 집중해서 문제를 풀어나갈 힘을 얻었다.

◆

"우리가 소송을 왜 하려고 했지? 우리가 받은 정신적 스트레스와 돈에 대한 보상을 받기 위함이었어. 그리고 이 사업을 시작하려고 했던 이유가 뭐였지? 사업자로서 경험을 쌓고 시야를 넓혀 보려는 취지였는데, 소송을 하면 사실상 그 모든 걸 다 놓치게 돼서 고민을 해봐야 할 것 같아. 물론, 소송도 하나의 경험이겠지만 이게 정말 하나님이 원하시는 방법인지 좀 더 여쭤보자."

남편의 말에 일리가 있었다. 그리고 '이 고난을 뚫고, 보란 듯이

해내는 크리스천'에 초점을 두기로 했다. 그래서 당장은 조금 억울하고 손해보더라도 초기 시공 비용이었던 200만 원 선에서 합의하자고 이야기했다. 솔직히 스튜디오를 복구하고 새로 인테리어 하기 위해서는 이것보다 3배에 달하는 비용이 들어야 했다. 엄연히 우리가 보는 손해가 상당했다.

그런데 '이 정도는 당연히 주겠지' 했던 우리의 생각은 완전히 빗나갔다. 업체 측에서는 그것도 너무 많다며 보상 비용을 150만 원으로 50만 원이나 낮췄다. 뻔뻔한 그들의 태도에 어이가 없었다. 하지만 더 이상 이 문제로 힘 빼지 않기로 했으니까, 알겠다고 했다. 그랬더니 설상가상으로 120만 원까지만 보상을 해줄 수 있다는 게 아닌가! 차오르는 화를 꾹 참으며 통화를 마쳤다.

옆에서 남편의 통화 내용을 듣고 있던 나는 이쯤이면 정말 끝났다고 생각했다. 길고 험한 터널의 끝으로 벗어났다고 생각하니, 조금은 마음이 가벼워졌다. 저녁 식사를 준비하려던 그때, 다시 남편에게 전화가 걸려 왔다. "120만 원에 부가세 포함해서 가능하죠? 세금계산서 발행도 부탁해요!"

잠깐... 부가세가 10%니까 12만 원...? 결국 108만 원을 받기로 하고 이 물난리 사건을 마무리 짓는 셈이었다. 화를 참으며 업체 담당자와 통화하는 남편의 목소리가 미세하게 떨리는 게 느껴졌다. '하나님과 약속한 거니까...' 우리가 드린 기도를 기억하고 또 되내며 이 사건을 종결시켰다.

스트레스를 너무 많이 받았는지 평소 좋아하던 음식을 봐도 먹고 싶다는 생각이 들지 않았다. 심지어 몇 술 뜨지 않았는데도 속이 울렁거려서 도통 밥을 먹을 수가 없었다. 최근 들어 수척해진 내 모습에 걱정됐는지 직장 동료가 무슨 일 있냐며 걱정 어린 목소리로 물었다.

그래서 슬쩍 스튜디오에 물난리가 났던 사건에 관해 이야기를 나눴다. 그러더니 자기 남편은 성격이 워낙 불같아서 이런 일이 생기면 일단 "윗 사람 나와!"라고 지르고 싸울 거라고 했다. 보통은 그렇게 하면 상대측이 깨갱거리면서 순조롭게 일이 해결되더라는 것이다. 일이 잘 해결되고 나면, 동료 남편은 그제야 "이전에 화냈던 것은 죄송했습니다"라고 하면서 굉장히 쿨하게(?) 끝을 내신다고 했다. 괜찮은 방법이라는 생각이 들었다. 동료는 우리 부부가 너무 순하게 생기고 성품이 착해서 과연 할 수 있을지 모르겠다고 했다. '어휴, 이럴 때는 동안이고 뭐고 다 됐고, 센 언니 센 오빠처럼 보였으면 좋겠다!' 싶었다.

집에 가면서 동료와 나눈 이야기가 떠올라 마음이 복잡해졌다. 예수님도 화내신 적이 있고 제자들의 불같은 성격을 사용하시기도 하니깐, 남편에게 "우리도 그냥 미친 척하고 큰소리 내고 싸워보면 안 되나?"라고 물었다.

평소엔 동글동글 귀엽게 생긴 남편의 얼굴이 좋았는데, 지금은 순하게 생긴 것도, 또 너무 착한 것도 짜증 났다. 상황이 이렇게 되니까, 못되게 말하지 못하는 남편이 답답하게 느껴지기도 했다. 하지만 남편은 잠깐의 멈칫하는 것도 없이 이내 입을 열었다.

"우리가 여기서 사업을 시작한 게, 하나님의 선교지이자 사랑을 흘려보내기 위한 거잖아. 그런데 미친 척하고 들이받으면 우리의 목적을 잃는 거 아닐까? 물론, 욕하고 싸울 수 있어. 막상 그렇게 싸워서 어찌저찌 가게를 열었다고 생각해 봐. 개업 예배드리고 교회 다니는 사람들이라고 알려지면 뒤에서 '예수쟁이었어? 그럼 그렇지!!!' 하며 욕할 게 뻔하지 않겠어? 나는 하나님을 욕먹이고 싶지 않아…"

눈물이 툭 터져 나왔다. 우리 사업장을 선교지로 생각하고 준비하는 남편에 비해, 나는 너무 세속적인 마음으로 준비하는 것 같아 미안하고 부끄러웠다. 나는 여전히 경험적 지식과 사람들의 조언을 통해 일을 해결하는 게 더 익숙한 사람이었다. 그래서 어쩌면 주님이 내 마음의 중심을 보시고, 이런 상황을 만드신 건 아닐지 하는 생각도 들었다.

이런 생각이 머릿속을 스치자, 더욱 시선을 하나님께 둘 수밖에 없었다. 외롭고 답답한 마음이 들 때, 하나님께 하소연하듯 외치던 기도 역시 다시 생각하니 그동안 '가장 외로우신 분은 하나님'이겠다 싶었다.

하늘 문이 열리면, 물이 내린다

'탁... 탁탁... 탁! 탁탁탁탁탁탁...!'

이 소리가 고난의 시작을 알리는 신호인 줄 알았다면, 영화 「인터스텔라」의 한 장면처럼 "안돼! 가지 마!! 제발 날 말려!"라며 나 자신에게 고래고래 소리쳤을 것이다. 차라리 그때 한 방울씩 떨어지던 물방울 소리를 듣지 못한 채, 그냥 지나쳐 왔어야 했다. 그러면 떨어지는 물 밑으로 깊은 바구니 여러 개를 받쳐 두지 못했겠고, 모든 창문을 열어 통풍이 잘되도록 조치를 취하지도 않았을 것이다. 오히려 하루 종일 스튜디오 안의 모든 나무가 무방비 상태로 물에 젖어서 확실하게 보상받았을지도 모른다.

확연히 달라졌을지도 모를 결말을 상상하면서 잠깐이나마 행복했다. 하지만 현실에서는 귀가 좋은 탓에 천장에서 떨어지는 물소리를 놓치지 않았다. '아, 하나님. 그런 건 못 들어도 됐잖아요~'라며 괜히 좋은 귀를 주신 하나님께 책임을 돌리기도 했다. 지금 생각해 보면, 그건 우리 부부의 성장을 바라시는 하나님의 신호였다.

천장에서 떨어진 물이, 목공 시공을 완전히 마무리한 스튜디오 바닥에 얼룩을 그려나가기 시작했다. "사장님, 이거 물 맞죠...?" 목공 사장님이 설마 하며 천장을 열었는데... 고여있던 물이 바닥으로 왈칵 쏟아져 내렸다.

이전에 인테리어 했던 현장에서도 천장에서 물 새는 장면을 본 적 있다. 그것도 딱 한 번. 그런데 하필 내가 사업하려는 곳에서, 그것도 공사까지 끝나고 페인트칠만 남겨둔 상황이라니... 유달리 허무한 마음이었던 건, 물바다가 된 공간이 내가 가장 중요하게 생각해서 목공 사장님과 심혈을 기울이며 완성한 호리존 촬영장이었다는 것이다.

아주 조금 다행인 건, 천장에 고여있던 물이 떨어진 거라서 시간이 지나니 물방울의 굵기나 속도가 줄어들었다는 것. 현재 상황을 사진 찍고 영상으로 담아 관리소장님께 알렸다. 아내에게도 영상을 보냈지만, 아내가 놀라거나 걱정하지 않게 하려고 별일 아니라는 듯 최대한 가볍게 상황을 공유했다.

곧 건설사 직원들이 도착했다. 스튜디오의 상황을 보더니 한다는 소리가 가관이었다. "이거 에어컨 설치한 업체나 인테리어 업체에서 잘못 건드린 것 같은데..." 업체 직원들은 내가 예상한 것에서 한 치도 벗어나지 않고 핑계를 댔다. 하지만 내가 모든 상황을 목격한 마당에 그들이 하는 말을 듣고 그냥 넘어갈 수 없었다.

"저기요. 제가 어제부터 쭉 있었는데요. 보시다시피 에어컨은 배관과 거리를 두고 설치했고, 당연히 목공은 배관과 전혀 상관없는 곳에 타카(공기압으로 쏘는 못)를 쳐서 건드릴 일이 없었죠."

잘잘못을 분명하게 가려야 한다고 생각한 나는 그들이 반박할 수 없도록 덧붙여 말했다.

"아니면 혹시 시공하면서 충격을 받고 발생한 문제라고 생각하시나요? 그런데 직접적으로 건드리지 않고, 인테리어 시공하면서 발생하는 충격에도 이렇게 물이 샐 정도라면 불안해서 어떻게 일을 하나요? 다른 호실도 다 동일한 거라면, 처음부터 설계가 잘못되었다고도 볼 수 있겠네요?"

딱히 할 말이 없었는지 업체 직원들은 입을 꾹 다문 채, 물이 새는 천장만 바라보고 있었다. 그리고 사무실 좀 다녀오겠다고 하더니 잠시 후 온다던 사람은 오지 않고, 한 통의 전화가 걸려 왔다.

"사장님, 저희가 내일 바로 보수할 사람을 보내드리도록 하겠습니다. 죄송합니다."

나도 일이 커지는 걸 원치 않아서, 감사하다는 말로 통화를 마쳤다. 어쨌든 일이 더 커지기 전에 지금 당장 할 수 있는 모든 조치를 했다. 물이 사방에서 떨어졌지만, 받쳐놓을 바구니가 부족했다. 일단 급한 대로 물줄기가 굵은 곳에 받칠 것을 두었다. 그리고 이미 젖은 바닥이 잘 마를 수 있게 모든 창문을 열어두고, 선풍기를 틀어놨다.

햇볕이 잘 드는 곳이니까, 이 정도면 잘 건조해서 사용할 수 있을 거로 생각했다. 피곤해서였을까. 오늘 하루가 유독 더 길게 느껴졌다. 아내에게는 원래 시공 일정보다 하루 정도 밀리는 건 용서해 주자며 쿨하게 말했다. 사실, 목공 시공이 빨리 끝나서 다행히 벌어놓은 시간이 있었고, 젖은 물을 하루만 더 말리면 페인트칠도

가능할 줄 알았다. '역시 하나님이 넓고 쉬운 길을 걸어가게 하실 리가 없지' 정도로 생각하니까 금세 마음의 분함도 잦아들었다. 이 정도로 끝나서 얼마나 다행인지 모른다며, 아내와 기쁜 마음으로 상쾌한 아침을 맞이할 수 있었다.

약속한 대로 보수해 주기로 한 담당자가 스튜디오에 왔다. 나는 정확한 원인이 알고 싶어서 담당자에게 어떻게 된 일인지 알 수 있느냐고 물었다. 보수 담당자는 천장을 이리저리 살피더니 말했다.

"배관들이 연결되는 중간에 결합하는 부분이 있어요. 거기서 한 방향으로 흐르도록 기울어져야 할 배관이 하필 여기로 쏠리는 바람에 물이 고인 것 같아요."

뭔가 원인을 알고 나니, 엉킨 실타래를 조금 풀어낸 것 같았다. 그래서 보수작업이 잘 끝나면 다음 시공을 어떻게 이어갈지 상상하면서 주변을 맴돌고 있었다. 잠시 후 '윙~' 소리와 함께 보수 작업이 시작되었다. 그런데 이어서 들려오는 소리에 귀를 의심했다. 어제와는 비교도 안 될 정도로 크고 강한 소리였다. 과장 없이, 이건 누가 최대한으로 틀어놓은 수도꼭지로 물이 쏟아져 나오는 듯한 소리였다.

그리고 그 물을 나무 바닥이 온몸으로 받아내는 소리란... 달갑지 않은 불협화음에 놀란 나는 얼른 달려 들어갔다. 불길한 예감은 빗나가지 않았다. 나는 눈앞에서 폭포수 같은 물줄기를 토해내는 걸 보았다. 바닥에는 순식간에 물웅덩이가 생겼다. 어떻게든 막아보려고 어제 쓰던 바구니를 가져와 받쳐 봤지만, 어제보다 범위도 더 넓어지고 양도 많아진 물을 막아내기란 역부족이었다.

'이제 어떡하지...' 내가 수습할 수 있는 선을 넘었다고 생각한 순간, 저절로 한숨부터 나왔다. 하지만 얼른 정신을 차리고 지금 내가 해야 할 일을 생각해야 했다. 나는 다 퍼주기만 해서는 안되는 한 가정의 가장이자, 공과 사를 구분해야 하는 사업장의 대표니까.

이전의 나는 '사람이 실수할 수도 있는 거지' 생각하고, 오히려 보수 담당자를 안심시키면서 보상을 받아낼 생각은 시도조차 하지 않았을 거다. 나중에 나무가 썩는다거나, 문제가 생겨도 '마음이 아프고, 돈도 왕창 깨졌지만, 그분께 복음을 전했으니 괜찮아'라고 합리화했을 것이다. 또다시 올라오는 연민의 마음을 누르고 휴대전화를 꺼내 눈 앞에 펼쳐진 상황을 촬영했다. 혹시라도 보상 요청을 하려면 정확한 상황을 담은 증거가 필요할 테니까.

언제 소식이 전해졌는지, 건설사 직원 몇 명이 오더니 급히 걸레로 바닥에 고인 물을 닦았다. 보수 담당자는 물을 거의 다 뺀 배관을 실리콘으로 막고 천장을 얼른 덮었고, 건설사 직원들은 바닥을 흥건하게 적신 물을 다 닦은 후, 그나마 깨끗해진 바닥을 사진 찍었다. (이미 그 전의 상황은 내가 다 찍어뒀다, 요놈들아) 역할을 정해놓은 듯, 척척척, 그들의 행동에는 어떤 망설임도 없었다. 어떻게든 이 상황을 무마해 보려 다급히 움직이던 모습과 자기들끼리 모여 수군거리던 모습은 아직도 기억에 선명하게 남아있다.

어쨌든 그들도 이 정도는 보상을 해줘야겠다고 생각했던 것 같다. 나름 회사에서 높은 분과 그 위에 더 높은 분까지 와서는 선처를 부탁했다. 솔직히 이 정도면 충분히 잘 말려서 쓸 수 있지 않을까 해서 적당히 보상받고 끝낼 생각이었다. 그런데 혹시 모른다 싶어서 주변 목수분들께 조언을 구했다.

10년 넘게 일해온 목공 전문가들에게 이런 상황에서 어떻게 하면 좋겠냐고 물으니까, 모두 "전체 철거하고 새로 짜는 게 나중에 있을 문제들을 예방할 수 있다"고 답했다. 일이 복잡해질 건 알았지만, 전문가들이 그렇게 생각한다면 전달해야 맞다고 생각했다.

나는 조언 받은 내용을 잘 적어뒀다가 건설사 보상팀에 전달하면서, 이건 나의 억지가 아니라 '전문가들의 소견'임을 다시 한번 강조했다. 그런데 이견은 좀처럼 좁혀지지 않았다. 시간이 갈수록 나만 돈을 받아내려고 고집부리는 억지스러운 사람이 되어가고 있었다. 업체 직원들은 "회사와 상의 후 다시 연락드리겠다"고 하고 돌아갔다.

다음 날. 모르는 번호로 전화가 걸려 왔다. 배관 업체의 또 다른 누군가가 나를 설득하기 위해 연락한 것이었다. 그런데 듣다 보니 이건 설득이 아니라 한 꼰대 아저씨의 협박이었다.

"사장님요, 이 정도 미안하다고 하면 적당히 끝내야 하는 거 아닙니까? 나도 인테리어 좀 아는데, 별거 아닌 일로 서로 힘 빼지 맙시다."

그때 휴대전화 너머로 들린 아저씨의 말은 다시 생각해도 심장이 벌렁거리고 분노가 차오를 만큼 기가 찼다. 그렇게 쉬운 거면 사장님 회사에서 구해다가 직접 해달라고 했다. 그런데 "거 별거 아니니까, 나한테 돈 주면 직접 해드릴게"라지 뭔가! 진짜 말이면 다인가? 올라오는 쌍욕을 참으려 이를 꽉 물었다.

그런데 아저씨의 무례함은 갈수록 선을 넘었다. 내가 억지를 부린다며 헛웃음 짓고, 아직 어려서 세상을 모른다며 비웃었고, 언성을 높이면서 내 말이 끝나기도 전에 말을 가로채고는 자기 말만 이어나갔다. 그러다가 끝내 내가 말이 안 통한다며 윗선과 얘기해 보고 다시 연락을 주겠다고 했다. 온갖 치욕을 당하고도 그의 연락을 기다렸지만, 며칠이 지나도 준다던 연락은 오지 않았다.

분명 미안하다고 했다. 그런데 진심으로 미안했다면 피해자에게 얼른 배상하고 잘 복구할 수 있도록 최대한 신경 써주려는 노력이라도 하는 거 아닌가? "주신다던 연락이 없어서 문자 남깁니다. 확인하시면 연락해 주세요." 어쩔 수 없이 먼저 문자 연락을 남겼더니, 그제야 회신이 왔다. 그럼 뭐하나, 여전히 똑같은 주장으로 일관된 태도를 보였다. 그리고 또, 다시 연락한다던 그들은 또 며칠간 연락이 없었다. 피해를 본 우리가 더 끙끙거리게 되는 이 상황이 좀처럼 이해되지 않았다. 자꾸만 머리가 지끈거려서 관자놀이를 지긋이 눌러줘야 했고, 생각할수록 분이 나서 크고 거친 숨을 몰아서 내뱉곤 했다. 왜 이렇게 질질 끌어서 힘들게 하나 싶었다. 나중에 생각해 보니 그들의 입장에서 우리같이 작은 소상공인은 시간을 끌면 버티지 못할 거라는 걸 알았던 것 같다.

♦

계속 해결되지 않고 번복되는 상황에 화가 난 아내는 드라마에서처럼 "윗사람 나오라 해!"하면서 들이받으면 안 되는 거냐고 말했다. 물론, 나도 속으로는 수십 또는 수백 번 윽박지르며 욕하기도 했다. 하지만 우리 스튜디오를 축복의 통로로 사용해달라며 드렸던 기도와 다짐이 있었고, 앞으로 계속 보게 될 상가 사람들이나 손님들이 '뭐야, 그렇게 소리 지르고 쌍욕을 하더니 교회 다니는 사람이었어?'라며 하나님을 욕하게 될 게 너무 싫었다. 그렇게 되지 않도록 최대한 정중하게 우리의 억울함을 표출하자며 아내를 설득하고 내 마음도 다잡았다.

건설사 직원과 건물주, 그리고 부동산 사장님이 일을 잘 해결해 보자며 한 자리에 모였다. 그런데... 건설사 직원은 우리 요구가 터무니없다며 피식피식 웃었고, 건물주는 "내가 아는 인테리어 사장님한테 물어보니까, 그거 부분 수리만 하면 된다던데"라면서 통화했던 내용을 들려줬다. 들어보니, 내가 찾은 목공 전문가들이 사기꾼이라며 심한 욕을 섞은 조롱하는 내용이었다. 기가 찼다. 나도 직접 인테리어 시공을 하면서, 줄곧 철거 현장도 봐왔다. 이 작업은 이래도 되나 싶을 정도로 굉장히 거칠게 이루어지기 때문에, 그쪽 전문가들이 "전체적으로 뒤틀릴 수밖에 없고, 나중에 생길지 모르는 하자에 대해서는 보증받아야 한다"라는 말이 무슨 뜻인지 이해가 됐다. 그래서 그쪽 인테리어 사장님께 맡길 테니 시간을 잡아달라고 하니까 이런저런 핑계를 대며 급히 말을 거두는 것이었다. 솔직히 예상했다. 나중에 하자가 생길 수도 있는 현장을 누가 좋다고 덤벼들겠는가? 자기가 할 것도 아니면 말이나 하지 말지, 답답하고 화가 났다. 나도 얼마든지 말은 저렇게 할 수 있었다.

  부동산 사장님은 이미 우리와 거래가 끝나서 이렇게 도울 필요가 없는데 친형 같은 마음으로 조언해 주러 왔다고 했다. 그러고는 이럴 시간에 빨리 장사를 시작하는 게 낫다며 나를 타일렀다. 아니, 그걸 누가 모르느냐 말이다. 하지만 우리에게는 수백만 원을 보상받는 건 큰 문제였다. 그래서 어떻게든 대충 보상하고 끝내려는 이 사람들의 심보가 너무 괘씸했다.

  이미 나무에 곰팡이가 생겨서 나중에 어떤 하자가 발생할지 걱정된다고 말하자, 듣고 있던 건설사 직원이 자기가 찍은 사진에는 곰팡이가 없다고 내가 억지를 부린다며 분위기를 몰아갔다. 분명 이 긴급회의가 진행되기 바로 전에도 내가 보고 왔는데 말이다. 결국 내가 전에 찍어둔 곰팡이 사진과 영상을 보여주니 다들 할 말 없는 듯 조용해졌다.

그전에는 나를 아들뻘이라며 잘 챙겨주시던 관리소장님마저 건설사 편에 서서 "그거, 겨우 물 조금 젖어서 별것 아닌 것 같은데 왜 그렇게 열 내냐?"고 했다. 이제는 처한 입장 때문에 어쩔 수 없었겠다는 걸 이해하지만, 그때 느꼈던 배신감은... 표현할 방법을 찾지 못하겠다. 나도 예수님 닮고 싶어 노력하면서 불같던 성격을 많이 잠재울 수 있게 되었지만, 그때만큼은 "예수님, 잠깐 귀 한 번만 막아주세요"라고 말하고 싶었다. 너무 억울해서 육성으로 소리 지르며 책상도 다 뒤엎고 미친놈처럼 날뛰고 싶었다. (하... 이 글을 쓰는 중에도 그들이 떠오르면 마음으로 죄를 짓게 돼서 회개하며 쓰고 있다)

젊은 친구가 싹싹하고 열심히 산다면서 마냥 예뻐해 주던 어른들이, 문제 하나 생겼다고 한순간에 세상물정 모르는 어린놈 대하듯 했다. 수많은 사람 중 내 편은 아무도 없었다. 텅 빈 사막에 홀로 놓인 것 같았다.

선한 방법으로 해결하려 했더니, 호구가 됐다

인간을 지으신 하나님이 인간 손에 죽으셨다.
- 천관웅, 「겸손의 왕」 중에서

나는 고작 이 정도로 무척 외로웠는데 도대체 예수님은 십자가에 오르시기까지, 그 배신감을 어떻게 감당하셨을까? 어릴수록 사업하기에 좋은 것 같다고 생각했는데, 한순간에 가장 큰 걸림돌이자 약점이 되어버렸다. 나를 제외한 나머지 사람들이 나누는 대화가 어째 '어린놈이 고집 세다'거나 '어린놈이라 뭘 모른다'라는 뉘앙스로 모든 시작과 끝을 이루었다. 분하고 괴로웠지만 어쩌겠는가. 힘이 없는 것을.

내 의지와는 상관 없이 모든 선택권이 무시된 채, 그들이 원하는 대답을 해야만 하는 이 상황은, 나의 현 위치를 직시하게 했다. 결국, 전체 철거 및 시공의 비용을 청구하기 보다는 양측이 이해할 할 수 있는 차선책을 찾아보기로 했다. 우리 부부가 생각한 방법은 '금전적인 보상 없이 배관 회사가 알아서 가장 저렴한 목공 업체를 찾아 부분적으로 수리해 주는 것'이었다. 분명 쉬운 작업이라고 했고, 그렇게 자신 있다면 보강 작업 이후 하자가 발생하지 않겠다는 생각이었다. 혹시 하자가 발생한다고 해도, 우리는 보호를 받는 게 당연하다 생각해서 떠올린 제안이었다. 물론, 이 제안을 시작으로 충분히 이견을 조율할 의사가 있었다. 이 정도 제안이라면 당연히 수긍할 거라는 기대감도 있었다. 마침, 지인 중에 경험 많은 전문가가 있어서 도움을 받아 계약서의 틀을 잡아봤다.

"언제 뵐까요?" 우리 부부는 합의점을 찾고 싶다며 먼저 연락을 했다. 전에 만났던 건설사 직원과 함께 그동안 전화 너머로 나에게 치욕스러운 말을 내뱉었던 꼰대 아저씨를 처음으로 마주하게 됐다. 카페에 앉아 어색한 덕담 한마디씩 건넨 후, 아이스 아메리카노를 한 모금 마셨다. 순간, 오늘따라 유독 쓰게 느껴지는 건 내 기분 때문일까, 생각했다.

"물난리 났던 날, 오셔서 2년 동안 수리 보증을 해주신다고 하셨던 거, 기억하시죠?" 사고 당일에 스튜디오에 방문했던 건설사 직원에게 물었더니, 자기도 그렇게 말한 걸 기억한다고 했다. '다행이다. 그러면 우리 제안도 받아주겠구나' 싶었다. 드디어 끝나는 건가, 했는데 아직 최고 빌런이 남아있었다.

"에이~ 이거 말도 안 되지. 평생 배관 일만 하던 사람들이 어떻게 목공 일하는 사람을 구합니까? 사장님요, 이제 좀 합의하나 했더니 말도 안 되는 계약서를 갖고 왔네"

꼰대 빌런은 우리가 열심히 고민해서 작성해 간 계약서를 쳐다보지도 않았다. 당연히 이견 조율의 여지가 있다고, 같이 적정선을 찾고 회사에 가서 회의 한 번만 해주면 우리도 최대한 맞춰보려 한다고 계속 말했다. 하지만 귀에 익숙한, 비아냥거리는 말투로 '또 별것 아닌 걸로 일 키우지 말라'는 답답한 소리만 되풀이했다. 그렇게... 우리의 계약서는 그냥 종이 쪼가리가 되어버렸다. 결국 명확한 끝맺음 없이 착잡한 마음으로 돌아오게 됐다.

그렇게 이틀이 지났지만, 이번에도 연락이 없었다. 우리가 피해자인데 계속 먼저 연락해야 하고, 우리만 해결 방안을 찾아보는 이 상황이 어이가 없다며 장문의 문자를 보내고 나서야 드디어 통화

연결이 되었다. "회사와 얘기가 되었나요?"라고 물었더니 얼렁뚱땅 얼버무리며 넘어가는 게 딱 봐도 회의는커녕 말도 꺼내지 않은 것 같았다. 자꾸 이러시면 소송으로 갈 수밖에 없다고, 내용증명을 작성해서 보내겠다고 하니까 얼마든지 그러라고 되레 큰소리쳤다. '소송…? 우리 입에서 이 소리까지 나오게 될 줄이야!'

 모든 인맥과 정보를 총동원해서 소송 준비를 시작했다. 누가 봐도 명백하게 이기고 싶었다. 우리가 처한 상황을 정리해서 전달하고 어떻게 하면 좋을지 자문했다. 그런데 돌아온 답변은 우리의 예상과 전혀 달랐다.

 "누가 봐도 손해를 본 상황이기 때문에, 재판 자체는 승소할 것 같아요. 그런데 천만 원 이하의 민사 소송은 시간도 오래 걸리고요. 변호사 선임 비용이 기본 300만 원부터 시작해서 사실 사장님한테 큰 이득은 아닐 수 있어요. 물론 나중에 승소하고 나서 다 돌려받는 비용이겠지만, 오래 걸릴 것을 각오해야 하니까 잘 생각해 보셔야겠네요"

 여러 변호사님과 지인들을 통해 나온 결론은, 우리처럼 몇백만 원의 보상을 받겠다고 소송에 가서 이긴다고 해도 큰 이득이 없을 거라는 이야길 들었다. 자존심이 상해도 결국, 소송 없이 다시 합의를 하기로 결정했다.

더 이상 우리에게 싸울 힘이 남아있지 않을 만큼 지쳐있었다. 당장이라도 모두 털고 빨리 끝내길 바라는 마음이었지만, 우리는 소위 '꼬리 내린 호구'가 되어 있을 뿐이었다. 더 이상 낮추기도 어려울 만큼 완전히 비용을 낮춘 금액으로 보상을 요청했는데, 이제는 돈을 받고 싶으면 합의금을 더 낮춰달라, 세금계산서를 발행해달라, 아주 가관이었다.

바람 빠진 풍선 인형처럼 너무 지쳐버린 나는, 모든 걸 "네네"라고 답하는 '예스맨'이 되어버렸다. 결국 그들이 원하는 대로 다 해주고 약간의 합의금을 받고 사건을 정리했다. 일을 마무리하고 나서, 법을 좀 안다는 지인들과 주변 변호사들에게 합의금에 세금계산서도 끊었다고 말했더니 "완전 악질한테 걸렸다"며 우리 부부대신 온갖 욕을 해주었다.

이 보상금으로는 철거 비용 밖에 나오지 않을 것 같았다. 결국 세워놓은 틀을 그대로 두고 곰팡이 제거와 제습, 다시 올라올 습기를 예방할 방법을 미친 듯이 찾아 효과가 좋다는 약품 뿌리기를 반복했다. 그리고 제발... 나무가 썩지 않게 해달라며 하나님께 기도했다. 다행히 수개월이 지난 지금까지 스튜디오의 나무 틀은 별일 없이 잘 세워져 있다. 우린 비록 호구가 되었지만, 우리의 감정대로 해결하지 않고 하나님께 방법을 묻고, 마음을 지키며 움직인 것을 잘한 거라며 서로 다독였다. 그리고 한 가지를 깨달았다. 보상 심리로 악착같이 받아내려던 모든 말과 행동이, 바로 사업가답지 못했던 모습이었다는 것을.

빠른 문제 해결의 원칙, 불편하면 나의 자세를 고쳐 앉자

유튜버 주언규(구 신사임당)의 강의를 들으며 나의 사업가답지 못했던 행동을 반성하게 되었다. 그중에서도 '사업가는 불편하면 무언가를 탓하지 말고 스스로 자세를 고쳐 앉아야 한다는 것'을 깨달은 것이 가장 컸다.

회사나 단체에 소속된 근로자로 오래 있었던 탓일까? 이전에 잘해왔던 기억을 살려 사업을 시작한 것인데, 기대와는 너무 다른 결과들에 뭔가 잘못되었다고 느꼈다. 회사의 한 일원이었을 때는 회사에서 내게 원하는 모습이 되려고 집중했다. 그에 맞춰 역량을 키우고 더 성장하는 것, 칭찬받을 만한 방법과 회사의 이미지를 좋게 만들려는 노력이 곧 나의 실력을 증명하는 방법이기 때문이었다.

직원으로 일하면서 쌓은 경험과 실력들이 오히려 사업을 하는 데는 도움이 안될 뿐 아니라, 오히려 성장을 늦추는 걸림돌이 됐다. 천장에서 물이 터졌을 때, 나는 손해보지 않고 책임을 떠안지 않는 것이 우선이라 생각했다. 그래서 '당신네 탓이니 당신들이 이 모든 책임을 져야 한다'라며 대응했다. 그런데 돌아보니 근로자의 마인드였다. 결국 시간과 체력을 소진하고 정신적 스트레스까지 더해져 처참하고 찝찝하게 마무리됐다.

된통 당하고 난 후에야 사업가에게 필요한 정보들을 찾았다. 그리고 역경을 이겨낸 사업 선배들의 말을 떠올리며 문제를 해결해 나가기 시작했다. 변수와 친해질 것, 너무 오랜 시간 문제에 묶여 있지 말 것, 문제가 생기면 덤덤하게 받아들이고 다음 해결책을 떠올릴 것, 길게 보고 더 이득이 될 것에 집중해서 빠르게 해결할 것...

먼저 시행착오를 겪은 선배 사업자들의 명언 같은 말을 마음에 새겼다. 아니나 다를까, 소송까지 갈 뻔한 우리의 상황은 그냥 여러 변수 중 하나였을 뿐이었다. 그리고 내가 겪은 변수들은 어디 가서 명함도 내밀지 못할 정도였다. 그들의 삶에는 더 억울하고 분할 사건이 수두룩했다.

근로자의 마인드와 사업가의 마인드는 달라야 한다. 앞으로도 내 맘 같지 않은 일들을 만나게 되겠다. 그때마다 근로자가 아니라, 사업가적 태도로 해야 하는 선택이 무엇일지 계속 고민하고 또 살아내야 하겠다.

자세를 고쳐 앉는다는 건, 결국 '필요한 한 단어'만 남기는 것이다. 당시 우리에게 가장 필요했던 건 '시간'이었다. 사건이 빠르게 종결되면 시간을 아낄 수 있었다. 그리고 월세를 절약하고, 체력 낭비를 막고 말짱한 정신으로 시스템을 구축하는 등 할 수 있는 것이 많았다. 머릿속으로 손익을 따져보니, 이렇게 질질 끌며 줄다리기 따위를 해서는 안 됐다.

네 탓 내 탓 따질 시간에 일을 빨리 매듭지을 방법을 찾는 데 집중해야 했다. 돈이 많았다면 계속해서 소송을 진행했을 수 있다. 우리에게는 돈도 중요했지만, 돈보다 시간이 훨씬 더 중요했다. 시간이 중요한 줄 알면서도 '나는 잘못이 없다. 그들이 잘못한 게 확실하니 시간이 걸려도 정의가 반드시 승리한다는 것을 보여줘야 한다'는 쓸데없는 것에 집중했다. 사업자라면 다르게 생각해야 한다는 걸 그땐 왜 미처 떠올리지 못했을까, 글을 쓰고 있는 지금도 부끄러움에 얼굴이 화끈거린다.

크리스천은 왼쪽 뺨을 맞으면 오른뺨도 내줘야 한다고 했던가? 그런데 나는 그들을 용서하지 못하고 벌을 주고 싶어 했다. 어떤 신앙 좋은 자는 그런 나를 보며 "그 사람들이 일부러 그런 것도 아닌데 선처하지는 못할망정, 소송하겠다는 말까지 했다고? 네가 그러고도 크리스천이야?"라며 냉정하고 매정한 사람인 양 말했다. 할 말이 없었다. 나 역시 다른 누구보다 크리스천이라면 기꺼이 손해 볼 수 있어야 한다고, 그게 맞다고 생각하며 살아왔다. 여전히 그 말씀을 신뢰한다. 정말 최선을 다해 크리스천답게 살고자 노력했다. 결과적으로는 호구가 되었더라도… 그렇게 용서하고 인내하고 계속 당하며 사는 모습을 보고 누군가는, 또 언젠가는 '나를 통해 하나님을 보게 될 것'을 믿었다. 이렇게 해서 한 영혼이라도 하나님을 믿게 되고 교회를 다니게 된다면 이보다 귀한 사역은 없을 거로 생각했다.

하지만 현실을 맞닥뜨리면서, 그 모든 것을 감당하려면 내가 가진 돈이 엄청 많아서 거듭 당해도 타격이 없어야 했다. 반대로 아예 망해야만 끝나는 것이라는 걸 깨달았다. 그래서 생각했다.

'아… 누군가를 돕기 위해서는 한쪽 뺨을 맞고 반대쪽 뺨을 줘도 견딜 수 있을 힘이 있어야 하는 거였구나… 마음껏 나누고 싶은 크리스천으로서, 뺨 맞는 걸 피할 수 없다면 아무리 맞아도 아프지 않을 만큼 체력과 힘을 길러야겠다.'

'뭘 잘한 게 있다고
나한테 소리만 지르고 있는 거니?'
이건, 내 생각이라고 하기에는
너무 생생한 찔림이 느껴졌다.

부부의 대화

소정 : 물난리 사건은 진짜 우리 인생을 통틀어 최대 위기였던 것 같아. 세상이 역시 만만치 않다는 걸 깨닫기도 했고, 정신적 스트레스로 '사람이 이렇게 피폐해질 수도 있구나...' 싶었어.

희구 : 나 그때 10킬로그램쯤 빠졌나? 사람들이 매주 살이 빠진다고 엄청나게 놀라고 걱정했어. 나는 어릴 때부터 늘 비슷한 체중이라서, 크게 살 빠지거나 하지 않을 거로 생각해서 더 놀랐는지도 몰라.

소정 : 그래도 정말 돈 주고도 못 사는 경험을 했어, 우리. 언제 또 우리가 운동장에서 울고불고 소리치면서 미친 듯이 뛰면서 기도하는 경험을 해보겠어.

희구 : 다음에 이런 상황이 생긴다면 이번보다 더 지혜롭게 대처할 수 있을 것 같아. 이번 일을 통해 우리가 왜 스튜디오 사업을 시작하게 됐는지 다시 한번 깨닫게 됐어.

소정 : 맞아. 그리고 그동안 하나님이 얼마나 인간적인 방법으로 문제를 해결하려 하셨는지 알게 하려고 이 사건을 만드신 건 아닐까, 생각도 들더라.

희구 : 앞으로 살면서 이것보다 더 한 일들이 발생할 텐데, 그때마다 하늘을 바라보게끔 훈련해 주신 것 같아서 감사해. 당시에는 몰랐지만 '하나님의 계획에는 실수가 없으셔!'라는 걸 다시 인정하게 됐다고 할까? 모든 시간이 값졌다! 그렇지?

소정 : 맞아~ 하나님과 동행하다 보면 앞으로도 이런 일들이 수두룩하겠지? 너무 재미있겠다, 그때마다 주실 경험과 은혜, 성장이 너무 기대돼!

희구 : 있잖아, 나는 근로자의 마인드에서 사업자의 마인드로 옷을 갈아입어야 한다는 걸 깨닫게 하신 것도 하나님의 큰 그림이라고 생각해. 지금 생각해 보니 고난과 성장은 한 세트 같아.

소정 : 어...? 어... 그래... 그런데 숨 쉴 틈은 주시겠지...? 전보다 많이 컸어도, 나는 아직 쫄보인 걸. 조금만 천천히 던져주시면 좋겠다! 그때도 지금처럼 잘 참아주고, 다독여주고, 힘이 되어줘~ 알았지?

희구 : 어...? 그게 쉬운 건 아니라서. 생각 좀 해볼게. ㅋㅋ

소정 : !!!

부부의 기도

하나님,
왜 우리에게 이런 상황이 생겼는지
사실 답답하고 원망 되는 마음도 있었습니다.

일이 잘 풀릴 때는 다 하나님 덕분이라고 해놓고,
상황이 막히니 하나님부터 원망한 나약한 저희를 용서해 주세요.

세상에서 고립되고 모두에게 외면당하고 나서야
주께서 얼마나 외로우셨을지 감히 체감할 수 있었습니다.

세상이 주는 좌절과 배신, 분노와 복수의 감정을 이겨내고
이곳을 하나님의 사역지로 바라보는 시선을 허락하시어
우리가 인간적인 방법으로 맞서지 않고
선한 방법을 찾아내려 노력하게 하심을 감사합니다.

훗날 예수님께서 선하게 잘 싸웠다고
면류관 씌워주실 그날을 바라보며,
천국을 소망하는 마음으로
계속해서 이 마음 지켜낼 수 있게 도와주세요.

5　관점이 달라져야 무너지지 않는다

버러지가 되라고요?

스튜디오 물난리 사건에 몸도 마음도 탈탈 털린 탓일까? 우리에게는 심각한 상황이었지만, 주변에는 별거 아니라는 듯 기도를 요청했다. 그러고는 끙끙 앓으며 1년 같은 일주일을 보냈다. 다시 주일, 예배를 드리러 갔는데 그날은 찬양을 따라 부를 힘조차 나지 않았다. 축 늘어진 몸이 의자에 겨우 걸쳐져 있는 듯했다. 이미 몸과 마음이 많이 지쳐 있었다. 옆자리에 앉은 남편의 상태도 비슷해 보였다. 사람들의 찬양과 기도 소리에 우리의 감정을 숨기려는 듯, 서로의 눈을 피한 채 강대상을 바라볼 뿐이었다.

여느 날과 다름없이 말씀을 듣는데, 갑자기 눈물이 흘러내렸다. 나는 모태 신앙이라 평생을, 한 주도 거르지 않고 말씀을 들었어도 펑펑 눈물을 흘렸던 적은 없었다. 난생처음 있는 일이라 무척 당황스러웠는데, 이놈의 눈물은 좀처럼 멈출 생각이 없었다. 그날따라 마음에 꽂히는 말씀이, 마치 하나님께서 나의 귓가에 대고 확성기로 말씀하시는 것처럼 선명하게 들렸다. 남편으로부터 휴지를 건네받아 하염없이 흐르는 눈물을 닦아냈다.

그날 예배에서 들려주신 말씀은 40년의 광야 생활 중, 가나안 땅으로 넘어가기 전 길갈에서 할례를 명하시는 내용이었다. 길갈을 시작으로 광야 생활을 마치고, 가나안 정복의 실전으로 들어온 것이라고 했다. 말 그대로 실제 전쟁이 이루어지기 때문에 실전의 마인드를 갖춰야 한다고 하셨다.

정면에만 시선을 고정한 채 예배를 드리던 우리 부부는 그 말씀을 듣는 순간, 마치 짠 듯 동시에 서로를 쳐다봤다. 마치 우리가 사업이라는 실전에 투입된 것 같아서였다. 눈물이 핑 돌았다. 우리는 이미 광야가 아닌 실전의 땅에 들어와 있었다. 그런데 광야에서처럼 불기둥, 구름 기둥으로 우리를 인도해 주지 않는다고 한탄했다. 언제나 우리와 함께 하시는 하나님을 보지 못했다.

우리는 귀를 쫑긋 세우고, 말씀에 집중했다. 지금이 실전이라는 건 알겠는데, 도대체 실전에서 어떻게 해야 하는 건지 궁금했다. 이 중요한 타이밍에 하나님은 이스라엘 백성에게 어떤 준비를 시키셨는지 기대가 돼서 심장이 터질 것만 같았다.

말씀을 통해 하나님의 명쾌한 답을 들을 수 있었다. 아니, 분명

답인 것 같은데, 맞나 싶었다. 진작 성경 좀 열심히 읽어둘 걸... 나에게 있는 성경 지식의 80퍼센트는 설교 말씀으로만 채워졌다. 그 때문에 설교에서 듣지 못한, 전후 사건들에 대해서는 너무도 무지했다. 부끄럽게도 이스라엘 백성들의 광야 생활을 마치면 바로 가나안 땅에 들어가 터를 잡고 행복하게 살면 되는 줄 알았다.

하지만 이 부분에서 말씀하시는 실전은 바로 '전쟁'을 뜻하는 것이었다. 길갈에 도착한 이스라엘의 상황은, 전쟁 바로 직전으로 철저히 맞서 싸울 준비를 해야 하는 아주 중요한 시점이었다. 그래서 하나님이 이스라엘 백성에게 갑옷과 무기를 정비하라는 답을 주실 줄 알았다. 적과 싸워 이길 전략을 전수해 주실 거로 생각했다. 하지만 그러면 그렇지. 하나님은 이번에도 우리의 상식 밖에서, 이해할 수 없는 방법으로 전쟁을 치르도록 명하셨다.

'할례...? 하필 이 중요한 때에 할례를 시키셨다고?'

이스라엘 백성에게 용기를 북돋우고 능력을 더해도 모자란 데, 오히려 환자를 만드신 것이다. 하필 무기 들고 전쟁에 나가야 할 건장한 남자들을 아무것도 못 하게 만들어버린 이 상황이 도무지 이해되지 않았다. 만약 적군이 쳐들어오면 꼼짝 없이 당할 텐데? 나중에 왜 졌냐고 누가 물으면 뭐라고 한단 말인가! '칼과 창, 방패를 들고 열심히 싸우다가 장렬하게 전사했다'가 아니라, '다들 환자여서 힘을 쓰지 못했다...' 이건 생각만으로도 민망하고 어처

구니없는 패배지 않은가.

하지만 분명한 하나님의 명령이었다. 우리가 뭐 엄청난 걸 듣고 싶던 게 아닌데... 작은 위로의 말이라도, 힘내라는 응원의 말씀이라도 해주시지 않을까 했던 모든 예상을 벗어났다. 실망이 컸지만, 하나님은 선하시니까 끝내 승리하시는 하나님이시라는 걸 믿고 끝까지 말씀을 들었다. 그런데 이윽고 하나님이 그렇게 하신 이유를 알게 됐다. 바로, 온전히 하나님을 바라보게 하시기 위함이었다. 광야 생활 40년 동안의 기나긴 훈련 덕분이었을까? 전쟁이 눈앞에 닥쳐도 이스라엘 백성들은 '하나님이 아무리 뚱딴지같은 소리를 해도 순종하는' 모습을 보였다. 그 모습이 우리 부부가 처한 상황과 겹쳐 보였다.

스튜디오 사업을 준비하는 과정은 천장에서 물이 새는 사건으로 모두 멈추게 됐다. 그 상황에서 할 수 있는 게 아무것도 없었다. 그저 답답한 마음만 가지고 하나님께 눈물로 호소만 했던 우리의 모습이 스쳐 지나갔다. 실전에 들어와 버린 우리 부부가 앞으로 세상에서 마주하게 될 시험을 어떻게 대해야 할지, 그 어느 때보다 확실히 알게 하고 싶으셨던 것일까? 이렇게까지 말씀이 나의 상황을 정확히 꿰뚫고 들어와, 내 삶에서 살아 숨 쉬는 듯한 느낌은 태어나서 처음이었다.

말씀을 듣고 나서부터 하나님께서 모든 상황을 주관하고 계시다는 것이 체감되었다. 우리의 불행한 상황은 달라지지 않았는데,

하나님은 '가만히 있으라'는 말씀만 하셨다. 그것이 하나님의 일하는 방법이라는 것을 확실히 알게 된 후에야 두려움 보다는 감사와 안도의 한숨을 내쉴 수 있었다.

♦

 나는 통제가 어려운 상황에서 스트레스를 많이 받는 편이라, 본능적으로 안정적인 삶을 추구했다. 어쩌면 그래서 하나님이 온전히 나의 삶에 개입할 수 없었겠다는 생각을 해본다. 나는 무슨 일이든 최선을 다했고, 대부분 나쁘지 않은 결과물로 이어졌다. 문제는, 겉으로는 '하나님 덕분에 해낼 수 있었다'며 영광을 돌렸어도 깊은 내면에는 '역시 나는 멋져, 역시 나야'라는 마음이 하나님의 은혜를 철저히 가리고 있었다는 것이다.
 사업을 준비하면서 겪은 모든 상황은 나의 통제 범위 밖의 것이었다. 하나님은 내가 가진 지식과 경험으로 할 수 있는 게 아무것도 없도록 상황을 만들어가셨다. 그리고 오롯이 하나님께서 길을 열어주셔야만 한다는 것을, 말씀을 통해 깨닫게 하셨다. 우리가 온전하게 하나님만을 바라볼 때, 하나님만이 할 수 있는 것을 보게 될 것이라고 하셨다. 설교하던 목사님께서 한 말씀 구절을 같이 읽어보자고 하셨는데, 이 말씀에서도 하나님의 일관된 말씀을 들을 수 있었다.

† 버러지(지렁이) 같은 너 야곱아, 너희 이스라엘 사람들아 두려워하지 말라 나 여호와가 말하노니 내가 너를 도울 것이라 네 구속자는 이스라엘의 거룩한 이이니라   – 이사야 41장 14절

그날따라 쩌렁쩌렁한 목사님의 목소리가 "버러지야"라고 하는 말씀이 귀에 더 꽂혔다. 성경에 '버러지야'라고 쓰여 있는 게 웃기기도 하면서 '왜 이런 말씀을 넣으셨을까?' 궁금했다. 하나님께서 이런 표현도 하신다는 게 놀라웠다.

나에겐 늘 사랑만 주던 따스한 사랑의 하나님인데… 하나님 손으로 직접 빚고 생기를 불어넣으실 정도로 사랑하는 인간에게 벌레, 아니, 지렁이라니… 앞뒤가 맞지 않아서, 내가 야곱이라면 살짝 마음 상할 수 있을 것 같았다.

그런데 야곱은 하나님의 말씀에 발끈하지도 저항하지도 않고 온전히 받아들였다고 했다. 자아를 버려야만 가능한 태도였다. 그에 비해 여전히 나는 자아가 더 강했고, 닥쳐오는 모든 상황에서 나의 능력이 더 앞장서려고 했다.

하지만 오늘 나의 자아는 하나님께 대들 힘 없이 그저 낙심한 상태였다. 더 이상 내 힘으로 설 수 없게 되자 "네, 주님 저는 버러지 같은 존재예요"라는 고백이 터져 나왔다. 그 순간, 하나님은 기다리셨다는 듯 목사님의 입을 통해 말씀하셨다.

"네가 버러지가 되어야 내가 일한다. 두려워하지 말라, 이제 내

가 일할 때란다. 내가 너를 도울 것이다."

  매서운 듯, 진심으로 마음을 울리는 따뜻한 말씀에 설교를 듣는 내내 뜨거운 눈물이 볼을 타고 흘렀다. 설교가 끝나고 그룹별로 모여 말씀에 대해 나눴다. "너무 은혜롭긴 한데 조금 졸리더라", "오늘 설교 조금 길지 않았어요?" 같이 모인 사람들 대부분의 반응이 좋았지만, 기억나지 않는다는 것이었다.

  그도 그럴 게, 평소보다 예배가 훨씬 늦게 끝났고 설교 중에 이래도 되나 싶을 정도로 '버려지야', '가만히 있어라.'라는 말이 거듭 반복되었다. 하나님 말씀에 에워싸여 정신없이 듣느라 몰랐다. 우리 부부에게는 예배가 끝난 후에도 눈물 콧물을 질질 짤 정도로, 여운이 가시질 않았다. 그야말로 절대 잊을 수 없는 경험이었다. 벅찬 마음을 담아서 함께하는 그룹원들에게 하나님이 우리 부부에게 들려주신 말씀을 나눴다.

"지금 보니까 소꾸부부가 빨리 못 알아들어서, 하나님이 반복해서 말씀하신 거네!!!"

  듣고 있던 한 사람이 소리쳤다. 목사님이 자꾸 같은 말을 반복하며 설교를 길게 하신 게 우리 탓이라는 거였다. 그런데 반박할 수 없었다. 웬만한 속삭임에는 변화 없이 갈 길 가던 우리의 모습이 떠올랐다. 그리고 내 모습을 잘 아시는 주님이 "이만하면 좀 들어라."며 강력한 말씀을 반복해서 때려 붓고 계셨던 것이었다. 말씀에 이어, 그룹원들과의 시간은 '한 영혼이라도 살릴 수 있다면 쉬지 않고 열심히 일하시는 하나님'에 대해 더욱 신뢰하게 되었다. 그 누구도 반박할 수 없는, 온전히 우리 부부를 향한 말씀이었다.

† 보라 내가 너를 이가 날카로운 새 타작기로 삼으리니 네가 산들을 쳐서 부스러기를 만들 것이며 작은 산들을 겨 같이 만들 것이라

이날 설교는 이사야서 41장 15절 말씀으로 마무리되었다. 날카로운 타작 기계로 만들겠다 하시고, 하나님의 날카로운 칼이 될 것이라고 하셨다. 내가 버러지가 되어야만, 온전히 하나님께 맡겨야만, 하나님께서 일하실 수 있다는 걸 한 번 더 각인시키셨다.

나는 여전히 한 치 앞을 모르는 상황이 오면 걱정과 불안에 압도당한다. 그리고 그때마다 하나님은 내게 주실 '평안'을 준비한 채 '내 품에 안기라'며 기다리셨는데, 정작 그 앞을 가로막은 조막만 한 고난을 뚫어내지 못해서 하나님 품에 닿지 못했다. 하지만 그 품에 안기는 방법은 간단했다. 이 세상에 내 힘으로 할 수 있는 것은 아무것도 없다는 걸 인정하는 것. 이걸 깨닫는 순간, 나는 입에서 입으로 전해 내려오던! 전설 속 보물을 발견한 사람이 되어 있었다.

시선을 옮기는 과정

주일 말씀을 통해 그 어느 때보다 강력한 하나님의 사랑을 느끼고 나니, 평안이 찾아왔다. 남편에게 "나, 신앙생활 하면서 이런 적 처음이야"라고 계속 말할 정도였다. 도저히 말로 표현되지 않는 감정들이 내 안에 가득했다. 그렇게 안정감이 드니까 왠지 모를 자신감도 생겼다.

'아… 역시 평강이란 마음은, 사람에게서 올 수 없고 오직 하나님으로부터 오는 것이구나…'

강력한 말씀이 나를 감쌌던 주일이 지나고, 건설 업체와 보상건에 대해 재협상을 하기로 한 월요일이 되었다. 하나님이 우리 문제를 해결해 주실 거라는 기대감에 미리 감사할 준비를 하고 있었다. 왜냐! 나는 어제 하나님의 말씀으로 다시 태어나, 새롭게 타작기가 되었으니 두려울 게 없었다. 왠지 '그동안 마음고생이 많았으니, 앞으로의 일은 내게 맡기라'고 말씀하시는 것 같았다. 하지만 이미 다들 아는 것처럼 협상은 결렬, 상황은 더 악화되어 소송까지 이야기하는 지경에 이르렀다.

아니, 어제는 그렇게 우리를 날카로운 새 타작기로 삼고, 산을 쳐서 부스러기를 만들 거라고 강하게 말씀하셔놓고… 대체 주님은 어디 계신 건지, 대체 왜 이 문제는 풀리지 않는 건지. 다시 내 안에 원망 섞인 마음이 올라왔다.

"제가 어제 그렇게 울면서 기도하고 회개했잖아요. 하나님도 말씀으로 저를 위로하셨고 돕겠다고 강하게 말씀하셨잖아요! 지금껏 신앙생활 하면서 그런 적 처음이라, 하나님이 우리 상황을 풀어가실 거라고 정말 확신했는데, 왜 아무것도 달라지지 않는 건가요? 오히려 나빠졌어요. 이게 뭐예요, 주님"

하나님께서 나를 강하게 만나주신 만큼, 울며 회개하고 하나님 앞에 납작 엎드렸던 만큼, 기대하는 마음도 컸나 보다. 지금 상황을 하나님께서 극적으로 풀어가실 거라고 기대했나 보다. 멋진 이야기가 완성되려면, 백마 탄 하나님이 나타나 우리의 상황을 싹 다 정리해 주셨어야 했다. 그러면 우리는 하나님께 감사하며 사람들에게 "우리 하나님이 이렇게 멋진 분"이라고 자랑하는 이야기가 엔딩이었어야 했다. 그래야만 완벽한 결론일 수 있었다.

하지만 우리 이야기는 완벽한 실패작이자, 나의 완벽한 착각으로 끝났다. 실망감은 우울함으로 확장됐고, 한동안 우울한 시간이 흘러가고 있었다. 그런데 문득, 들어왔던 설교 말씀 중에서 "하나님을 필요할 때만 찾는 '자판기 같은 신앙'을 버리라"는 메시지가 떠올랐다. 당시에는 그런 신앙이 잘못됐다는 것을 알았기에 난 그러지 않겠다고 굳게 다짐했다. 하지만 하나님이 내가 원하는 답을 보여주지 않는다고 분노하는 모습에서, 내 다짐과 다르게 자판기 신앙인을 보았다. 그렇게 또 나의 부끄러운 민낯이 들춰졌다.

'내가 만들어낸 능력자 하나님'이라는 죄는 생각보다 끈질겼다. 하나님께서는 내게 이 상황을 통해 말씀하고자 하는 것이 분명히 있었다. 내 악한 본성은 반복적인 훈련을 통해서만 끊어낼 수 있다는 사실이었다.

C.S 루이스는 '고난이 하나님의 확성기'라고 했다. 이처럼 하나님은 고난을 통해 "소정아, 제발 정신 차려! 그리고 너를 보지 말고 나를 좀 봐"라고 말씀하시려는 것 같았다. 나의 자아가 충분히 깨졌다고 생각했던 것도 나의 교만이고, 또 한 번 성장했다고 생각했던 것도 나의 교만이었다. 하나님은 이번 기회에 내가 알지 못했던 깊은 죄들까지 싹 다 들춰내기로 작정하신 듯, 나의 모든 예상을 벗어난 답을 내놓으시며 잠잠하던 내 인생에 '변수'라는 메기를 기꺼이 풀어두셨다.

그렇게 깨지고 넘어지고 또 무너지는 과정을 거치면서 변화된 내 모습을 발견한다. 고난으로 인해 일이 잘 풀리지 않아도, '그 속에 예비해 두신 하나님의 또 다른 뜻'이 있을 거로 생각하게 된 것이다. 더 솔직하게, 모든 것에서 나의 계획이 우선되면 철저히 무너뜨리신다는 걸 뼈저리게 깨달았다. 그러니 그냥 하나님의 계획에 나의 모든 걸 맡기고 갈 때 정신적으로도 이롭다는 결론에 도달한 것이다. 하나님은 짧은 기간의 가르침을 통해 이 부족한 죄인의 시선을 '나'에서 '하나님'으로 옮기셨다.

그럼에도 감사

상황 자체가 바뀌지는 않았지만, 그 상황을 바라보는 시선을 바꾸는 데 큰 공을 세운 우리만의 필살기가 있다. 그건 바로 '감사 일기'다.

범사에 감사하라. 교회에서 얼마나 많이 듣는 말씀인가. 적어도 매년 분기마다 한 번 이상은 꼭 듣게 되는 것 같다. 그런데 이것을 삶에서는 얼마나 적용하며 살고 있을까? 생각해 보면, 매일의 시간이 빠르게 스쳐 지나가는것 같은 일상에서 감사는커녕 하나님을 생각하는 것조차 놓치기 십상이다. 심지어 예배를 마치고 세상으로 나가는 순간, 별 사소한 일들이 우리 심기를 건드린다.

특히 사탄 놈들에게 대표적인 단골 먹거리는 수련회의 은혜를 가득 안고 새로운 삶을 살아보려는 크리스천들이 아닐까 싶다. '그렇게 뜨거웠던 내가, 고작 이런 걸로 무너지다니...' 하도록 말이다. 주차 자리가 없어서 불평하게 된다거나, 층간 소음으로 신경이 예민해진다거나, 갑자기 느닷없이 시비를 거는 가족이 있다거나... 나 역시 수도 없이 당해서 그런지 어느 날부터는 수련회처럼, 순간적인 뜨거운 예배에 대해 거부감이 생기기도 했다. 하지만 분명 하나님은 수련회를 통해서도 강력하게 일하신다는 것은 부정할 수 없는 사실이라, 그렇게 드려지는 예배 자체가 잘못된 것이라고 할 수는 없었다. 그럼 도대체 뭘까? 왜 이렇게 작은 걸로도 쉽게 무너지고, 심하게는 교회를 떠나게 되는 걸까?

그러다 내가 이런 의문에서 빠져나올 수 있도록 큰 도움을 준 것이 뭐가 있는지 떠올렸다. 그때 떠오른 것이 '감사 일기'였다. 감사 일기를 시작할 당시 '작은 걸로도 무너지는 우리'라면, '작은 것들을 탄탄하게 키워내면 된다'는 생각을 한 것이다. 매일매일의 삶에서 나를 무너뜨리는 죄를 완전히 제거할 수는 없지만, 감사일기를 적다 보면 하나님은 나를 위해 훨씬 더 많은 감사한 것을 알게 하시는 걸 경험했다.

감사 일기를 꾸준히 쓰다 보니, 나를 넘어트리려고 숨겨 놓았던 함정이 조금 만만하게 느껴졌다. 그뿐만 아니라, 인생의 굴곡이 조금은 완만하게 느껴지기도 했고 어려운 상황을 만나더라도 '그럼에도 감사'한 부분을 찾아내 비교적 빨리 일어설 수 있었다. 감사한 상황에서 감사하는 일은 어렵지 않다. 하지만 힘들고 어려울 때 감사하는 건, 매일 훈련되어 있지 않으면 할 수 없다는 것을 감사 일기를 통해서 알게 되었다.

♦

우리 부부가 꾸준히 감사 일기를 쓰기 시작한 시점은, 내가 암

진단받고 감정이 마이너스로 치닫고 있을 때였다. 남편이 먼저 감사 일기를 써보자고 권유했다. 남편은 이전에 감사 일기를 써본 경험이 있었다. 그때의 좋았던 기억을 되살려 같이 써보자고, 내게 감사 일기의 장점을 주저리주저리 설명했다.

사실, 그 밖에도 나의 기분이나 활력을 높이기 위해 좋다는 방법은 다 찾아서 공유했지만, 당시 내 감정은 이미 바닥으로 가라앉아 있었다. 그래서 '지금 상황에 무슨 감사야' 싶은 생각만 들었다. 그러다가 웬만해선 잘 참아내는 남편이, "솔직히 나도 정말 힘들어. 도대체 나는 여보한테 언제쯤 위로받을 수 있을까?"라는 한마디 말에 정신이 바짝 들었고, 그제야 귀를 열기 시작한 것이다. 어렸을 때부터 몸에 좋다는 것은 써도 잘 먹던 내가 아닌가. 내 마음의 회복을 돕는다는데! 밑져야 본전이라 생각하며 감사 일기를 같이 시작해 보기로 했다.

방법은 간단했다. 하루에 10개씩 블로그에 감사 제목을 적는 것이었다. 나는 손으로 글씨 쓰는 것을 싫어했다. 글씨체가 예쁘지 않을뿐더러, 펜을 강하게 힘을 주고 쥐니까 손이 너무 아프고 쉽게 피로해졌다. 그래서 예쁜 다이어리에 감성 넘치게 쓰고 싶은 마음이 굴뚝 같았지만, 감성 대신 꾸준한 기록을 택하기로 했다. 게다가 블로그에 글을 쓰면 자연스럽게 기록이 데이터로 쌓인다는 장점도 있었다. 감사 일기를 작성하고 나면 마치 오늘 하루를 굉장히 잘 살아낸 것 같은 왠지 모를 뿌듯함이 몰려왔다. 어차피 자연스럽게 기록이 쌓이는 김에 그날의 사진도 같이 올리면 좋을 것 같았다. 나중에 그날의 감정과 기분이 더 잘 떠오를 수 있도록 말이다.

감사 일기는 암을 진단받은 날부터 수술 당일 전절제 소식을 듣고 끙끙거리며 눈물 흘리던 날에도, 스튜디오 인테리어 공사 중 물난리 사건이 발생했을 때도, 답답한 마음에 운동장을 뛰어다니며 하나님께 부르짖었던 날에도 적으려고 했다. 이제 감사 일기는 하나님의 말씀을 가장 효과적이고 일상적이게 우리 삶으로 가져올 수 있는 방법이 되었다.

물론, 어떻게 하루도 빠지지 않고 감사 일기를 쓰냐고 묻는다면 주저 없이 대답할 수 있다. "몇 번 성공했냐고 묻는 게 나을 정도로 놓쳤던 날들이 수두룩하다"고 말이다. 물 들어왔을 때 노 젓는 것처럼 쭉쭉 잘 작성하다가도 컨디션이나 변경된 일정, 늦잠 등으로 루틴이 깨져버리는 날에는 어김없이 감사 일기를 놓쳤다. 어떤 날은 아예 잊어버리기도 했다. 가끔, 행복한 일상에 취하거나 반대로 너무 무기력에 빠질 때도 써야 하는 것을 놓쳤다. 몇 달간 감사 일기를 아예 놔버린 시기도 있었다.

꾸준하게 적지 못했어도 감사 일기를 쓰면서 '마음 근육'이 길러져 있다는 걸 깨달았다. 아무리 사탄이 '너는 게으르고 꾸준하지 못한 나약한 존재야'라고 속삭여도, '나에겐 감사할 것들이 이렇게나 수두룩해. 다시 써봐야겠어!'라며 오히려 반작용을 일으키는 스위치가 되어 있었기 때문이다.

　감사 일기를 쓰는 데 정해진 방법은 없다. 그래서 우리 부부는 하루에 10개 정도 쓰는 것을 목표로 기준을 잡았다. 우리의 멘토는 토요일까지 14개씩 적고 주일에 16개를 적으면 일주일에 100개를 적을 수 있어서 '감사 100개 채우기'를 목표로 한다고 했다.

　나도 감사 제목이 쭉쭉 써지는 날에는 10개 이상을 가뿐히 쓰기도 하고, 도저히 생각이 나지 않는 날에는 굳이 10개를 다 채우는 것에 의의를 두지 않는다. 어쨌든 매일 하나라도 감사한다는 사실이 중요하다. 처음에는 '10개까지 적을 게 있나?' 싶었는데, 하루를 구석구석 돌아보면 감사한 일들이 하나하나 생각나서 더 쓰고 싶어질 때도 있을 정도다.

　매일 '멋진 감사'를 올려드리겠다며 거창하고 그럴듯하게 쓰는 것보다, 사소하고 일상적인 일들을 적는 것이 내게 더 잘 맞았다. 누군가는 상세하게 적을수록 더 기억에 남고 나의 마음 깊숙한 곳의 감사를 떠올리게 하고, 누군가는 키워드로만 간단하게 적어 놓기도 한다. 다양하게 적어 보면서 자기에게 맞는 방법을 찾는 게 중요한 것 같다.

　어느 뉴스에서 매일 감사의 훈련을 쌓으면 뇌도 변한다고 한다. 감사할 때, 뇌의 많은 부분에 보상회로가 연결되어 즐거움을 더 잘 느끼게 된다는 것이다. 감사하지 않은 상황도 감사함으로 바라보다 보면, 어느새 그 상황을 이길 힘이 내 안에 생기는 이유가 아마 여기에 있는 듯하다.

♦

  나는 불행이 찾아오면 반드시 울어야 했고, 바닥을 찍어야만 '이제 충분히 우울해졌으니 올라가 볼까?' 하며 회복하는 편이었다. 그래서 그런지 회복하기까지 오랜 시간이 걸렸다. 바닥으로 떨어질 때 아무런 조치를 해두지 않았으니 당연한 일이었다. 이전엔 내 감정 바닥이 -10까지 내려갔다면, 감사 일기를 쓴 이후로 나의 바닥은 -5 정도로 올라와 있었다. 아예 쓰러져서 일어나지 못할 정도가 되어야만 속이 후련했던 내가, 넘어져도 아주 조금씩이라도 전진하는 사람이 되어 있었다. 말씀을 보니 이게 맞는 삶이였는데…감사 일기는 내가 얼마나 말씀과 멀리 떨어져 살아왔는지까지 발견하게 해주었다.

> † *여호와께서 사람의 걸음을 정하시고 그 길을 기뻐하시나니 그는 넘어지나 아주 엎드러지지 아니함은 여호와께서 그의 손으로 붙드심이로다*
>   - *시편 37편 23~24절*

  넘어질 때마다 아주 엎드러지지 않을 수 있던 건, 감사를 적으며 이 세상에 당연한 것이 없고, 하나님께서 나를 붙들고 계시다는 것을 알게 됐기 때문이다. 그리고 하나님은 언제나 나를 포기하지 않으셨는데, 항상 내가 먼저 그 손을 뿌리치고 바닥 인생을 선택했다는 것을 알게 됐다. 하나님은 그렇게 내가 다시 일어서야 할 이유를 알게 해주셨다.

"감사의 재발견이라는 책에서 로터트 에먼스는 감사는 절망의 순간에 희망을 비춘다고 이야기했다." [1]

"삶이 순탄하지 않을 때, 비참한 환경에서도 감사를 느낄 수 있나요?" 종종 사람들에게 이런 질문을 받는다. 그러면 나는 감사로 삶을 바라보는 자세가 역경을 이겨내는 데 도움이 될 뿐 아니라, 반드시 해야 하는 것이라고 답한다. 사실 위기 상황이야말로 감사의 효과가 제대로 발휘하게 된다. 감사는 사기가 저하될 때 활력을 제공한다. 감사는 상한 것을 치유하는 힘이 있다. 감사는 절망의 순간에 희망을 비춘다. 감사는 역경에 대처하는데 도움이 된다.

감사하는 습관은 고난이 단순히 고난으로 끝나지 않고, 처한 상황을 통해 나를 성장시킬 하나님을 더 신뢰하게 만든다. 그리고 하나님은 선한 분이며, 내가 감당할 수 있는 고난만 주신다는 것을 기억하게 하신다. 그래서 오히려 고난 후에 경험할 일을 더 기대하게 되는 마음을 갖게 한다.

"현재 고난을 겪고 있는 사람에게 이런 말은 전혀 도움이 안 되는 것처럼 느껴질 것이다. 하지만 미리 감사를 나의 것으로 만들어놓는다면 아주 유용한 삶의 도구가 될 것이라고 생각한다.[2]"

진정한 감사는 마주한 장애물을 기회로 삼을 능력이 자기 내면에 있음을 깨닫는 것이다. 나의 내면에는 그런 힘이 없을 것이라는 걱정은 할 필요가 없다. 왜냐하면 주께 감사를 올릴 때, 주님이 나의 능력이 되어주시기 때문이다. 내가 가진 것보다 훨씬 더 큰 힘이 생기는 기적을, 감사를 통해 경험할 수 있다.

내가 상황을 바꿀 수 없을 때가 많지만, 상황을 바라보는 시선은 내가 주체적으로 선택할 수 있다. 시선을 바꿀 때, 나도 모르던 새로운 힘이 내면에서 샘솟는 경험을 했다. 그렇게 온전히 하나님께 맡기는 훈련도 함께 하면서 점점 내 안에 '그럼에도 감사'가 자리 잡게 되었다.

나를 위했던 감사에서 남을 돕는 감사로

부정적인 말이 가진 영향력이 긍정적인 말보다 몇 배가 더 높다는 연구 결과가 있다. 그만큼 우리는 긍정적인 것보다 부정적인 무언가에 영향을 받고 있을 가능성이 크다. 그래서 긍정적 에너지를 얻기 위해 나를 의식적으로 긍정적인 곳에 노출해야 절반이라도 간다는 생각을 해본다.

생각해 보니 그렇다. 이렇게 감사할 것이 없다고 느껴지는 상황에도 감사한 것을 찾고, 모든 것이 은혜였음을 깨닫게 하시는 것도 감사할 내용이었다. 아내처럼 나도 이전부터 감사 일기를 쓰는 훈련을 해왔고, 감사하지 못할 상황이지만 그럼에도 감사하는 삶을 주변에도 나누려고 인스타그램 스토리에 매일 10개씩 써서 올렸다. 사실 이것은 하나의 환경 설정이었다.

생각하고 적는 것과 생각만 하고 적지 않는 것은 차이가 크다. 마찬가지로 환경을 설정하는 것과 하지 않는 것에 큰 차이가 있다는 것을 깨닫고, 어떻게든 10개의 감사한 것을 채워 적고 공유하려고 했다. 감사한 것을 적기 위해 고민하다 보면, 까맣게 잊고 있던 일까지 떠올라 나를 울컥하게 만들기도 했다.

어릴 적, 물에 빠졌을 때 그분이 나를 건져주지 않았다면? 고속도로에서 자동차 바퀴가 터져 걸레짝이 됐어도, 지하 터널로 들어가기 직전에 세울 수 있어 대형 사고로 이어지지 않았다. 차들이 쌩쌩 달리는 지하 터널에서 사고가 났다면? 아내가 지금처럼 밝고 씩씩하게 병을 이겨내지 못했다면?

이렇게 떠오르는 내용을 적다가 감사한 마음을 주체하지 못하고 눈물의 묵상에 들어간 적도 한두 번이 아니다. 그래서 감사 일기 공유는 누군가에게 나누고 싶다는 마음 이전에 감사한 마음을 어디서든 떠올릴 수 있도록 나 자신을 위한 환경 설정이었다.

일상의 루틴이 깨질 때마다 감사 일기를 적어 올리는 것도 지키지 못하는 걸 알게 되었다. 때문에 최대한 루틴을 지키려고 했고, 루틴을 실패하는 경우에도 최대한 감사 일기만은 놓치지 않으려고 노력했다. 이렇게 감사 일기를 3년 째 꾸준히 적고 있다. 인스타그램 스토리에 공유하기 시작한 건, 몇 개월이 채 되지 않았다. 그런데 재미있는 일들이 일어났다. 지인들이 감사 일기를 잘 읽고 있다며 피드백을 주기 시작한 것이다.

내가 쓴 10개의 내용을 다 읽는 게 귀찮다고 생각하면 그냥 지나칠 수도 있고, 읽더라도 말없이 넘어갈 수도 있다. 그런데 직접 만나는 지인들로부터 "네 감사일기 덕분에 나도 반성하게 돼"라는 말을 듣기도 했고, 평소 연락하지 않고 왕래도 없던 학창 시절 친구가 '힘들었는데 네 감사 일기가 이상하게 힘이 됐다. 정말 고맙다'며 장문의 문자를 보내오기도 했다. 그리고 내 스토리를 보고 자신도 감사 일기를 시작했다는 친구도 생겨났다.

"다른 사람이 썼다면 신뢰하기 힘들었을 텐데, 희구 네가 쓰는 감사 일기는 진심이 느껴져서 보는 사람까지 영향을 받는 것 같아. 그래서 오늘은 어떤 내용일지 궁금해서 읽게 돼."

교회에 다니지 않는 친구에게 받은 연락이었다. 순간 '이야~ 내가 크리스천답게 잘 살았나보다!'라는 교만한 생각이 들다가도, "네가 행실을 똑바로 할 수 있도록 믿지 않는 사람들도 주변에 심어두었다"는 하나님의 음성으로 들려 '엇나가지 않도록 주변을 통해 말씀해 주셔서 감사합니다'라며 마음을 정돈할 수 있었다.

한 번은 감사 일기에 '미라클 모닝 성공 감사'를 적었는데, "미라클 모닝을 해보니까 어떻냐?"며 오랜만에 지인에게 연락받았다. 그래서 내가 알고 있는 것, 느낀 것을 전했다. 거기다 감사 일기에 나의 가치관과 비전을 수시로 올리니 기도해 주겠다는 사람들도 늘어나기 시작했다.

이렇게 많은 사람에게 피드백을 받게 될 거라고 전혀 생각하지 못했다. 그런데 나의 진심을 담은 감사 일기가 사람들에게 선한 영향을 전하고 있었다. 보여주기식이 아니라 진심으로 고민하며 오늘, 그리고 앞으로도 진짜 크리스천으로 살겠다는 다짐이 반영된 나의 감사 일기가 믿지 않는 사람들에게도 부담스럽지 않게 흘러가고 있었다는 것이 감사했다.

거창한 감사를 한 게 아니다. '별걸 다 감사하네?'라는 생각이 드는 그것. 예를 들면, 숨 쉴 수 있음에 감사, 물이 깨끗하게 정화된 환경 감사, 노트북이 있는 것 감사, 10분 기도 성공 감사. 이렇게 짧고 간결하게 적어도, 감사를 떠올리는 것만으로 충분했다.

피곤하지만 일할 수 있는 체력 있음에 감사, 내장이 제 기능을 해준 덕분에 식사를 거르지 않고 할 수 있는 것 감사, 아내가 친구들과 만남 후 피곤하고 추울 텐데 그런 아내를 데리러 갈 수 있는 것 감사, 사랑의 하나님만 경험했던 아내가 이제는 나와 하나가 되면서 강력한 변수의 하나님을 경험하는 동안, 잘 견디고 성장하는 모습 기특해서 감사. 그리고 아내가 나랑 살아줘서 감사…

위에 나눈 내용들은 얼마든지 부정적으로 적을 수도 있다. 피곤해 죽겠고 일하기 싫다, 노트북이 있으면 뭐 하나 맨날 렉 걸리고 꺼지는데, 아내가 자기 친구들을 만나러 가서 신나게 놀고는 나한테 태우러 오라 마라 한다, 귀찮게…

이렇게 부정적으로 써보려 머리를 굴리는 이 순간에도 '생각해 보니 정말 짜증 나네?' 하며 기분이 안 좋아진다. 생각보다 인간의 뇌는 속이기 딱 좋은 놈이라고 한다. 그래서 긍정적인 걸 보고 들으면 긍정적으로 인지하고, 부정적인 걸 보고 들으면 부정적으로 인지한다는 것이다. 그러니 우리는 하나님만이 주실 수 있는 영원한 평안을 기도로 구해야 한다. 고작 긍정 에너지를 얻기 위한 감사 일기가 아니라, 이 모든 게 하나님의 은혜임을 곱씹으며 감사를 적어 가다 보면 감사하는 마음이 내 일상에 자연히 녹아들어 있는 것을 느낄 수 있다.

3개의 감사 제목만 쓸 때도 있고, 광고 문구처럼 더 짧고 간결하게 쓰기도 하고, 일기 쓰듯 훨씬 길게 내 생각을 풀어 정리해서 쓸 때도 있다. 사람마다 다르지만, 나는 감사한 것을 작성하는 과정에서 자연스럽게 나의 무의식 속 잊힌 감사를 꺼내는 것, 그리고 그것을 통해 하나님을 찬양할 수 있다는 것이 가장 의미 있다고 생각한다.

감사를 기록하는 건, 오로지 나를 위한 환경설정으로 시작했는데 주변에 좋은 영향을 끼치는 효과까지 누리게 됐다. 심지어 게을러지지 않으려는 환경설정의 역할 또한 톡톡히 해냈다. 가끔 체력적으로 너무 힘들거나 잠이 부족할 때, 바쁘거나 할 일이 많아서 감사 일기를 적지 못한 적이 있었다. 그런데 내 감사 일기를 자주 보던 친구가 "요즘 왜 감사 일기가 안 올라오냐?"면서 연락을 보내왔다.

이런저런 핑계를 대며 넘어갔지만, 하나님께서 친구를 통해 '감사를 놓치지 말라'고 말씀하신 것만 같았다. 감사할 수 없는 와중에 감사하는 그 모든 것이 가장 성경적이라는 걸 알고 있다. 그러니 말씀을 따라 살기엔 감사 일기, 이만한 장치가 없는 것 같다.

비로소 '부부'의 하나님을 만나다

감사로 삶의 관점이 달라지기 시작했다. 특히, 우리 부부가 서로를 바라보는 시선이 바뀌었다. 상반된 성격과 성향을 보여서 가끔 '이렇게 안 맞는데 어떻게 평생 같이 살지?' 싶다가도 이렇게 다른 모습을 보고, 서로를 통해 배우게 하시려고 부부로 붙여주셨나 싶다.

그래도 우리는 '하나님과 동행하자'는 강력한 비전이 일치해서 그런지, 특히 하나님이 원하시는 일에 참 쿵짝이 잘 맞았다. 그중 하나는 결혼할 때 선물 받은 팀 켈러의 『결혼의 의미』를 침대맡에 두고, 매일 자기 전에 해당하는 날짜가 있는 페이지를 읽는 것이다. 이제 결혼한 지 3주년이니, 벌써 3번째 정독 중이다. 한 번은 책에서 말하는 '결혼'에 대해 보게 됐다.

결혼은 분명 멋지지만 힘든 일이다. 결혼은 가슴 벅찬 환희요, 의지가 되는 동시에 피와 땀과 눈물, 창피스러운 패배와 진을 빼는 승리이기도 하다. 내가 아는 한, 몇 주를 넘긴 결혼치고 동화 속 이야기가 현실이 되었다고 할 만한 사람은 없다. 그러므로 에베소서 5장에서 바울이 전한 그 유명한 결혼 강설에서 많은 부부에게 딱 들어맞는 구절은 오직 31~32절이라고 해도 놀라울 것이 없다. "그 둘이 한 육체가 될지니 이 비밀[mystery, NIV]이 크도다." 서로를 이해하려 애쓰느라 길고 힘든 하루를 보낸 뒤 쓰러지듯 잠자리에 누워 그저 이렇게 탄식할 때도 있다. "하나부터 열까지 도무지 모르겠어(mystery)!" 어떤 때 결혼은 풀리지 않는 퍼즐 같기도 하고, 미로 안에서 길을 잃은 듯 느껴지는 날도 있다.[3]

아내가 갑자기 웃기 시작했다. 요즘 자신이 느끼는 감정이 그대로 적혀 있는 것 같다고 했다. 나와의 결혼 생활이 무척 재밌고 큰 의지가 되기도 하지만, 부부로 살아가면서 이전에 경험하지 못했던 일들을 겪어 보니, 앞으로 어떤 날들이 펼쳐질지 전혀 모르겠다는 의미라고 했다. 최근까지 사업을 준비하면서 겪은 여러 가지 어려운 일들 속에서 우리 둘이 어떻게든 하나가 되어 보겠다고 발버둥 쳤던 모든 과정이 주마등처럼 스쳐 지나갔다.

하루는 아내와 대화하다가 새롭게 알게 된 것이 있었다. 지금까지 내가 만난 하나님과 아내가 만난 하나님이 달랐고, 결혼한 뒤 각자가 지금까지 만나온 하나님이 아닌 '우리의 하나님'으로 확장되고 있다는 것이었다.

그동안 아내가 만난 하나님은 '사랑의 하나님'이었다. 그도 그럴 것이 아내는 집에서 늦둥이 막내딸이었다. 태어났을 때부터 사랑을 듬뿍 받아온 존재가 바로 아내였다. 흥이 많고 발랄한 아내는 집에서도 분위기 메이커였고, 초등학교 1학년 때부터 혼자서 병원을 다녀왔다고 할 정도로 독립적이고 자기 일을 척척 해내는 스타일이었다. 그래서 그런지 아내는 밖에서는 막내 같지 않다는 이야기를 들을 정도로, 사랑이 많고 야무지다.

집에서처럼 교회에서도 많은 사랑을 받았다. 그래서 자연스럽게 하나님에 대한 신앙도, 사랑도 가득했다고 했다. 심지어 살면서 큰 어려움을 겪어 본 기억이 없다고 했다. 하나 기억나는 것은, 대학 수시전형에 다 떨어지고 정시로 간신히 붙어 예비 합격자로

턱걸이 합격을 했을 때라고 했다. 심지어 원하던 학교도 아니어서 오로지 간호학과만 보고 꾸역꾸역 다녔다고 했다. 오히려 주어진 상황을 믿음 안에서 잘 풀어갈 만큼 하나님에 대한 신뢰가 두터웠다.

"만약에 내가 원하던 대로, 이름 있는 대학교에 들어갔잖아? 그럼 나는 하나님을 잃어버렸을 것 같아. 우월감에 도취하여 하나님 없이도 잘 살 수 있을 거로 생각했을 테니까. 하나님은 나를 너무 잘 아셔."

아내가 밑도 끝도 없이 해맑을 때가 있다. 가끔 그런 모습을 보고 있자면, 하나님이라는 든든한 백 안에서 사랑받고 자란 티가 나는 것 같았다. 아내는 하나님이 자신에게 부어주시는 사랑에 대해 늘 감사할 줄 알았다. 그렇게 아내에게 하나님이란, "우쭈쭈, 잘하고 있다. 내 새끼!" 하면서 자신의 삶을 이끌어주시는 사랑을 부어주시는 하나님이라고 했다.

그에 비해 나의 하나님은 '밀당의 하나님'이었다. 덕분에 내 삶은 늘 밀고 당기기 하듯 남들에겐 잘 일어나지 않을 변수가 있었다. 마치 이를 통해 하나님이 "내가 너의 삶에서 단단하게 역사하고 있다"고 알려주시는 듯했다. 덕분에 나의 성장 과정은 늘 지난했다. 나에게 하나님은 이런 존재라고 말했을 때 아내는 '그런 게 어디 있냐?'며 믿지 않는 눈치였다. 하지만 연애하면서 내게만 생겼던 변수들을 떠올린 아내는 이내 심각한 표정을 지으며 말했다.

"왜 매번 오빠에게만 그런 일이 생겼는지, 이제야 알 것 같아. 진짜 하나님이 훈련하는 방법이 너무 달라서 신기해"

군대에서의 일이다. 새벽에 보초를 서는데 어디서 차 한 대가 내려왔다. 이상했다. 차가 다닐 시간이 아니었는데, 이례적인 일이었다. 일반적으로 근무자들끼리 '몇 시쯤에는 누가 왔고, 몇 시 정도에는 이동할 거다'라고 체크해두는 데, 그날은 아무것도 전달받지 못했다. 느낌이 싸했다. 가까이 가서 검문을 하니 베레모에 별이 박혀있는 것 아닌가...

평소, 선임들이 높은 계급 몇몇 얼굴과 이름을 꼭 외우고 있으라며 잔소리했다. 덕분에 알아볼 수 있었다. 분명 나와 눈이 마주친 운전병 옆에는 사단장님이 타고 계셨다. 어두컴컴한 와중에 얼굴까지 완벽히 일치했다. 순간 너무 당황해서 버벅댔지만, 다행히 별일 없이 잘 통과했다. 자칫하면 휴가가 까일 뻔했다. 나중에 알고 보니, 정말로 지나가다 잠깐 들렀는데 그게 하필 내가 보초 서는 시간이었다.

이후에도 나에게만 벌어지는 변수들이 넘쳐났다. 아내를 주려고 산 선물과 편지까지 넣어둔 종이가방을 구석에 주차한 내 차

옆에 두고 1분 정도 화장실을 다녀왔는데, 그 사이에 누가 훔쳐 갔는지 선물 봉투는 온데간데없이 사라지고 없었다. 또 다른 선물은 분명 2주 안에 도착한다고 하더니 한 달이 지나도 오지 않고, 아내의 생일이 되어도 도착하지 않았다. 하필이면 배 운항에 차질이 생겨 일주일은 더 걸린다지 뭔가. 그래 놓고 연락도 주지 않았다. 급하게 다른 선물을 준비한 덕분에 겨우 아내의 생일을 축하할 수 있었다.

그 외에도 설명하기 어려운 사건들이 많다. 나를 오래전부터 아는 사람들은 나를 통해 '밀당의 하나님'에 대해 익히 알고 있을 정도다. 시간이 흘러 나는 이런 변수들에 무뎌지고 있었다. '또 오셨군요, 주님?' 이렇게 말이다. 그리고 이런 상황들을 겪으며, 하나님은 내가 느슨해지지 않도록 한 시도 가만두지 않는다고 생각했다. 그리고 하나님이 살아계신다는 걸 느꼈다.

그런데 결혼하고 난 어느 순간부터 밀당의 하나님이 아내에게도 역사하시기 시작했다. 아내는 지금까지 자기가 만난 사랑의 하나님을 생각하며 무슨 일이든 잘될 거라 기대했다. 그렇게 호기롭게 사업을 도전했는데, 도저히 상상하지 못한 사건·사고와 해결하기 무섭게 들이닥치는 변수들을 만나면서 정신을 못 차렸다. 안정 추구자인 아내에게 이렇게 강한 훈련은 너무 괴롭고 힘든 상황이었을 것이다. 아니나 다를까, 마주한 상황이 버거웠는지 과도한 스트레스로 몸무게가 5킬로그램이나 빠졌다.

분명한 건, 혼자였으면 전혀 나아갈 수 없었을 상황을 함께라서 가능하게 하셨고, 모든 상황에서 주님을 의지할 때마다 말도 안 되게 해결하셨다. 처음 이런 난도 높은 훈련의 시간을 경험한 아내는 하나님 없이 살 수 없다는 것을 뼈저리게 배우고 있었다. 사실 나는 평생을 이런 식으로 배워와서 '아, 하나님 또 시작하셨네' 싶었지만, 아내에게는 힘에 부치는 순간들이었겠다.

내가 만나온 하나님을 직접 경험한 아내는 이제야 왜 내가 두려워하는 건, 오직 하나님뿐이라고 했는지 깨닫게 됐다고 했다.

"와... 정말, 하나님 일하시는 방법이 너무 대단해. 소름 끼칠 정도야"

최근 주방에서 요리하던 아내가 갑자기 이런 말을 했다. 지금 생각해 보니까, 하나님이 왜 이런 상황을 겪게 하고 또 견디게 하신 지 알 것 같다고. 이전에는 상황과 환경에 몰입했다면 이제는 그 상황을 역전시키실 하나님을 기대하게 되는 것 같다고 말이다.

막 씻고 나와 머리를 말리고 있는 바람에, 순간 잘못 들었나 싶어 드라이기를 껐다. 드디어 아내가 내가 늘 말하던, 또 다른 방식으로 다가오는 하나님의 사랑을 진심으로 공감하고 있었다. 나는 그토록 바라던 평생 동역자의 공감에 '좋아요'를 꾹 누르듯 기쁨의 한 마디를 던졌다.

"그치? 거봐. 밀당의 하나님 한 번 맛보고 나면 헤어 나올 수 없다니까? 내가 항상 '하나님이 어떤 식으로 일을 풀어가시는지, 다음이 기대돼서 도전하게 된다'고 말했던 게 바로 그거야!!! 축하해, 여보!!!"

누가 보면 이게 그렇게 축하할 일인가 싶을 것이다. 왜냐하면 고난이 넘쳐날 거란 소리이기도 했으니까. 우리에게 미쳤다고 해도 할 말 없는 상황이 나는 마냥 기뻤다. '나는 언제 위로받지?' 하면서 외로운 마음을 털어놨던 기도 제목이 생각이 나, 하나님께서 나의 기도를 듣고 계시는구나 싶었다.

한편, 다른 관점으로는 '그걸 이렇게 빠른 기간에 깨닫게 하시다니... 하나님이 소정이를 엄청 사랑하시는구나'라는 걸 다시 한번 느꼈다. 그리고 아내의 성장에 단단한 버팀목이 될 수 있도록 그동안 나를 훈련하신 것이라는 확신이 들었다. 하나님의 큰 그림을 깨닫고 나니 아내가 들려준 '따스한 사랑의 하나님'이 내게도 느껴졌다. 그렇게 비로소 '너와 나의 하나님'이 아니라 '우리 부부의 하나님'이 되었다.

에베소서 5장 31절 말씀처럼 결혼이라는 것이 풀리지 않는 수수께끼일 수도 있겠다. 하지만 서로가 하나 되어 그 수수께끼를 풀어나갈 때 하나님이 예비해 두신 신비롭고 아름다운 세상이 우리를 기다리고 있을 거라고 확신한다.

매일의 삶에서 나를
무너뜨리려 하는 죄를
완전히 제거할 수는 없지만,
감사 일기를 적으면서
하나님께서 나를 위해
훨씬 더 많은 감사한 것을
알게 하시는 걸 경험했다.

부부의 대화

소정 : 오빠가 가끔 나는 언제 크냐는 듯 말한 적 있잖아? 처음에는 그 소리가 너무 자존심이 상하는 거야. 나도 남편에게 어깨를 내어주는 멋진 아내가 되고 싶었는데 그러기엔 내 역량이 너무 작은 것 같아서 속상했거든.

희구 : 그랬어? 그런데 절대 탓하고 싶은 마음으로 했던 이야기는 아니었어. 항상 그랬듯, 여보가 이 좋은 것을 얼른 깨달았으면 했던 거지.

소정 : 어때? 나 좀 큰 것 같지 않아? 오빠가 표현해 준 덕분이야. 나한테 꼭 필요한 자극점이 되었어.

희구 : 내가 원동력이 됐구만! 더 성장해서 지난날을 돌아보고 좋아할 여보의 모습을 상상하니까, 기분이 좋더라고~ 그리고 나중에는 알아줄 거로 생각했어.

소정 : 맞아. 오빠 덕분에 감사일기도 시작할 수 있었고, 덕분에 일상에서 마음을 지키는데 가장 큰 도움이 되었던 것 같아.

희구 : 별말씀을~ 나는 우리의 다른 모습이 오히려 서로를 상호

보완할 수 있어서 감사하다는 생각을 참 많이 해. 정말 하나님은 완벽하신 분이라는 걸, 다시 한번 깨닫는다니깐?

소정 : 나는 지금껏 하나님의 사랑이 너무 당연하다고 생각해서 모르고 지나쳤는데, 오빠의 밀당 하나님을 만나면서 그동안 내가 받았던 사랑이 얼마나 크고 따뜻했는지 알게 된 것 같아. 변수의 하나님은 확실히 맵더라고.

희구 : 하나님은 큰 그림을 어쩜 이리도 잘 그려내시는지... 우리가 걸어갈 앞으로의 삶은 또 어떨지 모르겠지만, 지금처럼 감사하는 마음으로 나아가보자. 우리를 부부로 이어주신 하나님께 감사드리면서!

부부의 기도

애초에 하나님과 동행하는 길은
좁은 길이고, 좁은 문인데
복음이란 이름 아래 거룩한 척하고,
하나님을 믿으면 넓고 좋은 길을 걷길 바랐던
이중적인 마음을 회개합니다.

우리는 여전히 좁은 길 위에 있지만
매일 작은 부분까지도 감사한 것들을 떠올리게 하시고
그 감사가 나를 살리고 남을 살릴 수 있었음에 감사합니다.

감사를 통해 상황을 이기는 힘을 주셨고
그 힘으로 땅을 품으니
또 다른 축복의 통로로 연결될 수 있는 것도 감사합니다.

우리를 부부라는 동역자로 이어주신 것처럼,
선한 마음을 품고 세상에서 살아가는 크리스천들을
아주 많이 만날 수 있게 도와주세요.

6 하나님, 저희 잘 가고 있는 거 맞나요?

나라는 약점투성이

 하나님께서는 사업이라는 불확실한 상황에 나를 내던지셨고 그 과정을 통해 내 안에 해결되어야 하는 많은 부분들을 들춰내셨다. 가장 명확하게 들춰진 것은 바로 돈이 많아야 안정적이라고 생각했던 나의 인간적인 마음이었다. 계속되는 훈련 과정에도 불구하고 여전히 해결되지 않는 부분은 불안이었다. 내 삶에서 분명하게 일하시는 하나님을 맛보고 느꼈음에도, 내게 버겁다고 느껴지는 새로운 사건이 생기면 또다시 무너지기를 반복했다.
 빠져나갈 돈은 많고, 벌고 있는 돈은 한정적이라, 눈앞에 보이는 현실은 암담했다. 사업을 준비하면서 나에게 있는 돈에 대한 욕심을 마주하고 회개했으나, 나의 삶은 단번에 변화되지 않앉다. "주님의 은혜로 나 굉장히 평안해졌어.", "두려움이 없어졌어!"라며 주님과 함께 하면 무엇이든 해낼 수 있을 것처럼 내가 받은 은혜를 나누고 다닌 게 불과 며칠 전인데, 다시 제자리로 돌아온 모습이 너무 한심하고 쪽팔렸다.

나는 늘 돈을 잘 벌고 싶었다. 늘 우리 세 자매를 키우느라 알뜰살뜰 열심히 살아온 부모님께 효도하고 싶었다. 살면서 돈이 많아서 다투는 일보다, 없어서 생기는 문제가 더 많다고 느꼈기에 많으면 많을수록 좋은 거로 생각했다. 그래서 내게 돈은 뭔가 '넉넉해야 안정감을 주는 존재'라고 자연스럽게 인식되었다.

딸 셋을 키우느라 빠듯한 가계 상황에 엄마가 가끔 근심 어린 표정을 보이면, "엄마, 돈은 있을 때도 있고 없을 때도 있는 거래. 하나님보다 돈을 더 우선시하면 안 된다더라."라며 오직 믿음으로 이겨내야 한다고 엄마를 가르치려 들었다. 사실 그건 돈 때문에 불안해하는 엄마의 표정이 나를 더 불안하게 만들기 때문이었다. 그게 보기 싫어서 주워들은 말씀이 내 신념인 양 말했다.

돈 때문에 생기는 근심을 풀어놓는 사람들과 돈이 많아 걱정 없이 사는 사람들을 모두 만나면서 더욱 돈의 필요성을 체감하게 되었다. 그래도 성경에서 너무 큰 욕심은 죄라고 하니까, '돈이 인생에서 꼭 중요한 건 아니야.', '나는 돈에 대해 욕심내지 않을 거야'라며 돈에 대해 별로 관심 없는 척 스스로를 세뇌했다. 하지만 돈이 필요한 상황에 직면하자 다 들통나버렸다. 잘 포장된 겉모습과는 달리 완충제도 없고, 제습제도 없고, 아이스 팩도 없이 뒹굴다 도착한 나의 내면은, 포장을 뜯어보니 구더기가 득실거리고, 썩어 문드러져 악취까지 나고 있었다. 그제야 '나는 돈을 사랑하지 않아'라는 생각이 하나님으로부터 오는 진심 어린 고백이 아니라, 그저 인간의 마음으로 세뇌한 '정신 승리'였다는 것을 깨닫고 충격에 빠졌다.

문제는 오랜 기간에 걸쳐 굳어진 옛 생각을 버리고 새로운 삶을 살아야 하는데, 대체 그걸 어떻게 하는 건지 도무지 알 수가 없었다. 갈피를 잡지 못하고 방황하던 나는 그냥 하나님께 솔직해지기로 했다.

'하나님, 저 돈을 정말 좋아하는 사람이었네요…? 이제 저는 어떻게 살아야 해요?'

직장에서 주는 월급은 멈추거나 건너뛰는 일 없이 꼬박꼬박 들어와 줘서 통장이 바닥날 일이 없었다. 그런데 스튜디오를 운영하면서 돈이 빠져나가는 속도가 모으는 속도보다 훨씬 빠르다는 걸 체감했다. 통장 잔고에 찍히는 숫자가 쭉쭉 줄어드는 게 눈에 보이니까, 내 안에 숨어있던 불안이 마치 두더지 게임하듯 불쑥불쑥 튀어나왔다.

태어나서 처음으로 통장 속 숫자가 0에 가까워지는 걸 보게 되었다. 매일 은행 앱을 수시로 드나들면서, 빠져나갈 지출과 수입을 비교하며 이번 달도 대처할 수 있을지 노심초사했다. 이내 상가 월세나 생활비가 모자랄 것 같으면 남편을 닥달해 댔고, 필요하면 아르바이트라도 해야 하는 거 아니냐며 조급한 마음을 드러냈다. 이런 상황이 지속되면서, 남편과 한 공간에 있어도 대화가 줄어들거나 혼자 멍때리는 날이 많아졌다. 말해봤자 나의 불안을 들킬 뿐, 남편과 좋은 이야기가 오가지 않을 게 뻔하다는 생각에 나도 모르게 피하게 됐다.

내 큰 약점인 '돈과 불안'이 맞장구를 치니, 돈이 없어 불안하고 또 불안한데 돈이 없는 악순환이 반복되면서 흔들림은 배가 됐다. 비슷한 시기에 사업을 시작한 지인과 SNS에서 알게 된 다른 사장님들과는 달리 우리 스튜디오는 너무 한가해서 패배감과 비교 의식까지 생겨버렸다. 시작하자마자 대박 나는 초심자의 행운 따위 나에게 일어나지 않았다.

호랑이굴의 결말은 뭔가요?

떨리고 두려운 결단의 시간을 지나 사역을 내려놓고 호랑이굴로 들어온 지 약 3년이 지났다. 나에게 딱 맞는 비전을 찾아 꾸준히 지속하면 좋았겠지만, 비전을 향한 길은 매끈히 잘 포장된 고속도로가 아니었다. 울퉁불퉁한데 웅덩이까지 있고, 그 와중에

산사태로 무너진 크고 작은 돌들을 피하지도 못하고 치우면서 가야만 하는 외딴 길 같았다. 경험해 보는 거라는 명분으로 몇 번의 이직이 있었고, 여러 도전을 했지만 그 과정에서 도대체 나에게 하나님이 원하시는 비전이 무엇인지 알 수가 없었다. 마음껏 돕고 싶어서 교회 밖으로 나왔지만 현실은 내 상상과 너무도 달랐다.

인생 첫 사회생활을 시작한 애플 공식 서비스 센터는 크리스천 직원이 단 한 명도 없었고, 찾아온 고객들은 대부분 서비스에 대한 거부감과 오랜 대기 시간으로 불만이 가득 찬 상태였다. '고객의 마음을 사는 소통 능력과 단 한 번의 실수 없는 섬세한 수리 능력'을 칭찬받을 수 있었지만, 교회 안에서만 살아왔던 지라 그 과정이 쉽지 않았다. 무엇보다 직장 안에서 하나님을 전하는 경험을 하기 좋은 곳이었지만, 거의 12시간을 근무하면서 고객과 끊임없이 소통해야 하는 일이다 보니 여유가 없었다. 일하는 시간을 제외하고 남은 시간에 누군가를 마음껏 돕는다는 건 결코 쉬운 일이 아니었다.

이어서 취업한 곳은 액세서리 무드 샵. 이곳에서 직원 관리나 고객 관리, 서비스 기획, 판매 등을 배웠고 체화하기 위해 노력했다. 이곳에서도 사람들과 진심으로 소통하기 좋아하는 나의 모습이 충성 고객을 만들어내는 데에 정말 큰 역할을 한다는 것을 한 번 더 확실히 알 수 있었다. 하지만, 당시에는 코로나바이러스라는 큰 변수가 있었다. 바이러스 감염의 확산 여부에 따라 휘청이는 회사 상황에다가, 이때 아내의 암이 발견된 상황이라 재정적으로나 체력적, 시간적 여유가 마이너스에 가까웠다. 결국 다시 이직해야 했다.

이번에는 친한 인테리어 실장님을 통해 현장에서 인테리어 시공을 배울 수 있었다. 아무것도 없던 공간을 멋지게 바꿔주고, 사람을 만나 소통하고 조율하는 과정에서 일에 대한 매력과 성취감을 느꼈다. '이 길이 내가 갈 길이구나' 싶었다. 하지만 회사 상황이 안 좋아지면서 결국 배우기를 멈출 수밖에 없었다. 아내가 치료를 위해 일을 그만두는 상황에, 눈앞에서 어려움을 겪는 회사를 지켜보면서 도저히 계속 사업으로 이어갈 엄두가 나지 않았다.

그런데 내가 정착하지 못하고 이직하는 일이 계속될 때마다, 옆에서 나를 지지하고 존중하던 아내의 반응이 조금씩 차가워졌다. 어느새 아내는 한숨 섞인 말투로 "아... 그래?"라며 떨떠름하게 답하거나 시선을 피했다. 그 모습을 보면서 내 마음도 같이 동요됐다. 원인을 제공한 사람이 '나'라서, 미안한 감정이 컸다. 나 혼자면, 이것저것 시도해 보면서 고난과 가난을 겪게 돼도, 하고 싶은 거 참고 먹고 싶은 거 참으면서 묵묵히 도전했을 것이다.

하지만 이제 나는 한 가정의 가장이었다. 부부라는 이름으로 하나가 된 이상, 서로 맞춰가며 하나님이 원하시는 길을 함께 가는 것이 더 성경적인 삶이라 생각했다. 그래서 기도했다.

'아내에게 너무 미안하고 눈치 보여요, 주님… 조금만 제 기 좀 살려주시면 안 될까요?'

아내는 물론 처가댁에도 죄송한 마음이 컸다. 귀한 막내딸을 데려간 사위가 안정적인 직장을 다니는 것도 아니고, 정착하지 못한 채 매년 직업이 바뀌는 걸 보면서 얼마나 불안하셨을까…? 대놓고 표현하지 못하셨지만, 우리 부부에 대한 걱정에 새어 나오는 장모님의 한숨 소리는 내게 너무 크고 또렷하게 들렸다. 그 마음이 너무 이해돼서 죄송한 마음뿐이었다.

그렇게 아내와 셀프 스튜디오 사업을 시작하게 된 것이다. 나름 계획도 세우고, 기도하면서 시작한 호랑이 굴의 여정이 이 정도로 길어질 줄은 몰랐다. 물론, 하나님께서 내가 한 직장에 가만히 있게끔 놔두지 않으실 거라는 예상은 했다. 그래서 계속 인생에 갈림길이 나타나고 계획대로 되지 않아서 조급해지다가도, 그보다 훨씬 큰 하나님의 계획을 신뢰하며 '교회 밖에서의 사역은 어떻게 하는 것인가?'에만 초점을 두려고 했다. 지금까지 그랬듯 주님이 앞으로의 모든 순간을 선하게 이끄실 것을 기대하며 잘 걸어가고 있었다. 그럼에도 이렇게까지 길게 모험할 줄 몰랐다. 사실, 금방 자리 잡고 기술을 익혀서 '어떻게 하면 이 기술로 사람들을 마음껏 도울까?'를 생각하며 행복하게 지내게 될 줄 알았다.

하나님의 의도를 너무 알고 싶었다. 어려서부터 남에게 피해를 주기 싫어하는 나인데, 주변 사람들까지 힘들게 하는 이 상황이 너무 곤욕스러웠다. 이렇게까지 하면서 이런 모험의 길을 걸어 나가는 게 맞는지 의문이 들었다. 하나님이 호랑이 굴로 보내셨으면 이런 불안한 상황들은 좀 해결해주셨으면 좋았을텐데, 왜 이렇게 돌아가게 하시는지 그저 답답했다.

앞서 비슷한 상황을 잘 헤쳐 나가는 리더나 멘토라도 만나면 어깨너머로 배울 수 있을 텐데... 도움이 필요하다고 하면, 얼마든지 내가 도와드릴 수 있을 텐데... 아무리 수소문을 해도 주변에서 '신앙 좋고 인품도 좋고 실력까지 좋은' 전문가를 찾을 수가 없었다. 그렇게 스튜디오를 운영하는 지금도 독학으로 고군분투하며 헤쳐 나갈 방법을 찾고 있다. 나름 찬란하게 시작한 '호랑이 굴 이야기'는 아직 끝나지 않았다. 사실 그 끝이 너무 궁금해서 틈틈이 주님께 또 여쭤본다.

'하나님, 저희 잘 가고 있는 거 맞나요...?'

내가 먼저 손 놓아버리면 어떡하죠?

한 번은 15년 동안 사업하고 계시는 대표님을 만나 이야기를 나누게 된 적이 있다. 하나님의 은혜 안에서 걸어가는 사업의 모든 과정을 말씀해 주셨는데, 우리가 겪은 것보다 더 많은 고난들이 담겨 있었다. 어떤 사업할 땐 우리처럼 천장에서 물이 쏟아졌고, 또 다른 사업할 땐, 한 겨울에도 지방까지 가서 벌벌 떨며 물건을 팔았고, 대기업에서 협업하자는 제안이 있었지만 하필 그 당시에 제품을 생산할 자금을 구하지 못해서 놓쳤다고 했다. 그러다 정말 힘들어졌을 땐, 정신 차려 보니 자기도 모르게 한강 다리 위에 있었다며 너무 놀라 펑펑 울며 돌아왔다는 이야기도 해주셨다.

다른 이야기 보다 한강 다리 위까지 갔던 이야기가 마음에 남았다. 마침 내 머릿속을 온통 '사업이 망하면 어쩌지?' 하는 생각으로 지배하고 있었기 때문이었다. 감당하기 벅찬 일들을 연달아 겪고 나니, 나도 모르는 사이에 나를 갉아먹는 생각들에 휩싸여있었다. '정말 혹시 내가 망해서 빚 독촉을 받게 되고, 감당하기 힘든 지경까지 이르면 어떡하지…?', '내가 이 세상을 떠나면 모든 문제가 해결되려나?' 꼬리에 꼬리를 문 생각은 최악의 상황을 생각하는 데까지 이어졌다. 대표님도 말씀 중에 떠오른 그날의 기억에 북받치는 감정을 참아내지 못하고 눈물을 보이셨다. 그리고 이어진 말씀에서 진심으로 우리를 응원하고 계시다는 게 느껴졌다.

"하지만 때마다 하나님이 만나를 먹이시고, 고난을 이기게 하시는 은혜가 훨씬 더 크더라. 그 힘으로 하나님의 일을 하면서 훗날 서로 밀고 당겨주는 일을 해봅시다. 대표님들도 힘내세요!"

대표님의 이야기를 들으면서 우리도 일찍 도전하길 참 잘했다는 생각이 들었다. 사업을 준비하면서 나도 모르던 내 연약함을 알게 됐고, 덕분에 하루빨리 회개할 수 있었다. 익숙함에 속아 '책'에만 존재하던 말씀이 내 삶에서 살아 숨 쉬는 것을, 그게 이렇게나 달콤한 것인지 알게 됐으니 말이다. 하지만 이날의 위로와 은혜가 우리에게 그리 오래가지 못했다. 여전히 0을 향해 열심히 내려가는 통장 잔고를 보자마자 나의 긍정 회로는 단 번에 싹둑 잘려 나갔다. 나는 정말 회생 불가한 사람인 건가...?

♦

남편은 늘 사람의 마음을 세심하게 헤아리는 탓에, 내게 심경의 변화가 있다는 것을 누구보다 빠르게 알아차렸다. 집으로 돌아가는 차 안에서 유독 길어진 나의 한숨에 남편이 내 눈치를 보는 듯했다. 하지만 이런 생각을 입 밖으로 꺼내면 서로 마음이 어려워질 것 같아서 그냥 최대한 참아보려 했다. 하지만 깊은 물 속에서 누가 내 발을 잡고 당기듯, 계속 아래로 가라앉는 느낌이 들었다. 이 생각을 끊어내지 않으면 깊은 우울함에 빠질 것 같았다.

결국 힘겹게 말을 꺼냈다. "아까~ 대표님이 정말 힘들 때 자기도 모르게 한강 다리 위에 있어서 놀랐다고 하셨었잖아. 만약에 내가 마음이 너무 힘들어져서 이제 그만 살고 싶다고 하면, 오빠는 어떨 것 같아?" 내 입에서 이런 말이 나올지 상상도 못 했지만 정신 차렸을 땐 이미 말을 내뱉은 상태였다. 그런데 남편은 마치 대본을 달달 외우고 순발력 있게 애드리브까지 구사해내는 베테랑 배우처럼 한 치의 망설임 없이 씩씩하게 말했다.

"내가 붙잡아줄게! 집에 같이 가자!"

남편은 왜 그런 소리를 하냐며 화를 내거나, 같이 죽겠다고 더 우울해질 이야기를 하지 않았다. 정작 물어본 나는 떨리고 두려웠는데, 남편은 생각할 필요도 없는 일이라는 듯 나의 어리석은 고민을 단번에 해결해 주었다. 잠깐이라도 망설였을 수 있다. 하지만 이 남자는 단 1초도 망설이지 않고 대답했고, 그 태도가 나를 안심하게 했다. 그리고 고마운 마음이 밀려와 갑자기 눈물이 핑 돌았다. 내가 무너지더라도 이 사람이 나를 붙잡아 줄 수 있겠구나 싶어서 든든했다.

'이래서 하나님께서 우리를 붙여 주셨구나… 내가 넘어질 때 일어서게 도와줄 수 있는 하나뿐인 내 편을 곁에 두시려고…'

한편, 연약한 아내라 미안했다. 남편의 단호한 대답은 마치 하나님께서 "나는 절대 너를 그렇게 두지 않을 거다"라고 말씀하시는 것 같았다. 하나님께서는 나의 연약해진 영혼을, 남편을 통해 달래셨다.

> † *내가 너희를 고아와 같이 버려두지 아니하고 너희에게로 오리라*
> *- 요한복음 14장 18절*

지금 생각하면 하나님이 주신 나의 삶을 내 손으로 끊는다는 미친 생각을 했다는 게, 상상만으로도 너무 무섭고 실망스럽다. 하지만 그만큼 내 마음이 아주 힘들었다는 징표이기도 했다. 내 안의 마음에 집중할수록 불안과 우울, 안 좋은 감정만 보게 되었다. 내 안에 선한 것이 없다는 말을 증명이라도 해주는 것 같았다. 나를 묵상하면 묵상할수록 비참한 현실만 눈앞에 그려졌다.

이런 생각에서 빠져나올 방법은 단 하나, 바로 하나님을 바라보는 것. 그래서 불안한 마음이 떠오를 때마다 하나님께 눈을 돌리기 위해 말씀을 읽었고, 출퇴근 길에 말씀과 관련한 영상을 보면서 내 삶에 부정적인 생각이 파고들지 못하도록 하나님만을 채워 넣으려고 애썼다.

계속해서 하나님께 집중했더니, 어느 순간 나를 묶고 있던 편협한 시선에서 벗어나 내게 손 내밀고 계신 하나님을 마주할 수 있었다. 이전에 목사님께서 '구원이란, 하나님께서 내밀고 계신 손을 믿음으로 붙잡는 것'이라고 하셨는데, 그 말씀을 이제서야 피부로 느끼게 된 것 같았다.

약함까지도 사용하시는 하나님

 나의 불안을 떨쳐버리기 위해 감사 제목을 쓰고 기도하며 아무리 애써도 좋아지는 것은 잠깐, 상황에 따라 또다시 불쑥 찾아와 나를 괴롭혔다. 이 정도면 '나'라는 존재는 불안 빼면 시체가 아닌가 싶을 정도였다. 하필 사업을 시작하면서 더욱 이 감정과 더는 떼려야 뗄 수 없는 관계가 되었다. 앞으로 이런 불안정한 상황들이 내 인생에 계속 펼쳐질 텐데, 그럴 때마다 버겁다고 피할 내 모습을 떠올리니 너무 크리스천답지 않은 듯했다.
 하지만 아무리 노력해도 해결되지 않는 불안에 '나의 기질적인 부분에 문제가 있나…?' 싶었다. 마침 교회의 부설 심리상담센터에서 기질 및 성격 검사(TCI, MMPI)를 저렴한 가격에 받을 수 있다는 소식을 들었다. 나를 좀 더 알게 되면 앞으로의 문제 상황에서 잘 대처할 수 있을 것 같아 바로 신청서를 작성했다.
 처음 받아보는 심리 상담에 살짝 긴장됐는지 눈치를 살피며 조심히 센터 문을 열고 들어갔다. 사전에 설문지 작성을 마친 상태였고, 그에 대한 결과에 대해 해석 상담을 듣기 위한 방문이었다. 이를 통해 알게 된 사실은 나의 '위험-회피' 기질이 다른 사람들보다 매우 높은 수준이라는 것이었다.

 보통 위험-회피 점수가 70점 이상 되면 높다고 보는데, 나는 상위 5%인 100점 만점에 95점이었다. 즉, 명확한 이유가 없어도 갑자기 불안해지거나 막연한 걱정이 생길 수 있고, 확실하게 예측할 수 없는 상황에 대한 두려움을 많이 느끼는 사람이라는 것이었다. '아...? 나는 태어날 때부터 끊임없이 걱정할 수밖에 없는 사람이구나!' 그동안 흩어져 자리를 잡지 못하던 불안의 이유가 퍼즐 맞추듯 제자리를 찾은 기분이었다. 그동안 내가 왜 그랬는지 이해하게 되니까 한결 마음이 편안해졌다. 내가 통제할 수 있는 범위를 넘어설 때 화나거나 우울함을 느꼈던 것 또한 기질적으로 가진 불안 때문이었다. 상담사님은 내게 솔루션을 제시하셨다.

"걱정이 들 때마다 '아, 나 지금 걱정하고 있네?'라고 생각하거나 말하면서 스스로 문제 상황을 인지하게 만드세요"

상담사님의 솔루션이 그동안 내가 하나님을 전적으로 신뢰하지 못한 걸 꼬집는 듯해서 부끄러웠다. 나름 하나님을 잘 믿으며 살아왔다고 생각했는데, 큰 착각이었다. 그래도 조금 변화된 것이 있다면, 예전에는 '나는 기질 때문에 어쩔 수 없어'라며 나 스스로를 제한했을 텐데, 이제는 '그러니까 하나님께 도움을 구하자'며 생각을 이어갈 수 있게 된 것이다. 반대로 생각해 보면 나의 이런 기질이 태어날 때부터 하나님만 바라보고, 하나님만 사랑해야만 살아갈 수 있는 존재라는 사실에... 그렇게 지음을 받았다는 사실에 감사했다. 나의 약함은 안전한 울타리 안에서 내 사랑을 독차

지하고 싶어 하시는 아버지의 마음이었다. 치... 욕심쟁이 하나님. 요즘 나는 불안이 올라올 때마다 의도적으로 하나님께 맡기는 연습을 해본다.

"하나님, 제 안에 다시 불안이 슬금슬금 올라오고 있어요. 하나님의 큰 뜻과 사랑을 믿으며 나아갈 수 있게 도와주세요. 제 안에 이런 연약한 모습을 볼 때마다 너무 힘든데요. 저 혼자서는 해결할 수 없어요."

♦

이런 마음을 품었던 한 주가 지나고 주일이 되었는데, 말씀 듣는데 '나는 너의 약함까지도 사용한다'라는 마음을 주셨다. 요한복음 20장 1~18절 말씀이었는데, 1절부터 5절까지의 구절이 유독 머릿속에 계속 잔상으로 남았다.

1 안식 후 첫날 일찍이 아직 어두울 때에 막달라 마리아가 무덤에 와서 돌이 무덤에서 옮겨진 것을 보고
2 시몬 베드로와 예수께서 사랑하시던 그 다른 제자에게 달려가서 말하되 사람들이 주님을 무덤에서 가져다가 어디 두었는지 우리가 알지 못하겠다 하니
3 베드로와 그 다른 제자가 나가서 무덤으로 갈새

4 둘이 같이 달음질하더니 그 다른 제자가 베드로보다 더 빨리 달려가서 먼저 무덤에 이르러
5 구부려 세마포 놓인 것을 보았으나 들어가지는 아니하였더니

제자들이 예수님의 부활 소식을 들었다. 허겁지겁 뛰어간 제자 요한은 베드로보다 먼저 도착해놓고도 무덤 입구에 선 채 상황을 살폈다. 반면, 베드로는 주저함 없이 '쌩'하고 바로 안으로 들어가서 빈 무덤부터 확인했다. 그들이 보이는 모습에서 우리는 그들의 성품을 유추할 수 있다고 하셨다.

베드로는 항상 열정 있고 실행력이 강한 사람이었지만, 되려 그 불같은 기질 때문에 화를 참지 못해서 들고 있던 칼로 예수님을 붙잡아가려던 말고의 귀를 잘라버린 사람이기도 하다. 그는 예수님 바로 옆에서 이웃 사랑에 대해 철저하게 보고 들었지만, 욱하는 성격을 다스리지 못해서 결국 일을 낸 것이다.

하지만 주님은 그에게서 열정의 가능성을 보셨다. 그리고 신중하고 차분한 제자들 틈에서 다혈질인 베드로를 택해 교회의 반석이 되게 하셨다. 다른 사람들은 단순히 그가 다혈질에 자기 통제력이 낮은 사람이라 생각했겠지만, 예수님을 향해 물불 가리지 않고 달려드는 그의 열정을 보셨다. 그의 기질과 성격까지도 사용하신 것이다.

내 마음에도 나의 불안을 사용하여 일하실 것이라는, 확신의 믿음이 생겼다. 하나님께서는 말씀을 통해 약점으로 밖에 보이지 않는 기질과 성격을 가진 인물을 어떻게 사용하셨는지 보여주셨기 때문이다.

흔히 하나님을 인격적으로 만나면, 새사람이 된다고 한다. 그런데 한 가지 우리가 놓친 것이 있다. 예수님을 믿고 우리의 생각과 행동이 변하는 것도 맞지만, 타고난 기질은 여전히 남아있다는 것이다. 중요한 것은, 하나님께서는 그 기질까지도 좋은 도구로 생각하시고, 당신이 원하시는 가장 적절한 때에 활용하실 것이라고 하셨다. 하나님은 또 내게 말씀을 통해 나의 기질에 대한 의문을 이제 완전히 종결시켜 주셨다.

이 책을 쓰는 중에도 '하... 지금 스튜디오 월세 내기도 빠듯한데... 홍보를 위한 이벤트도 만들어 올려야 하고, 매출도 올려야 하는데...'라는 생각들로 집중하지 못하고 있다. 이렇듯 '불안'이라는 친구와 평생 애증의 관계를 끊어내지 못할 수도 있겠다 싶다. 하지만 달라진 게 있다면 매번 하나님께 '이게 맞는 건가요?'라고 물어보게 되었다는 것. 희망적이다.

자신 있게 시작해도 잘 될까 말까 하는 게 사업이라고 했다. 그런데 이렇게 자주 불안정해지니까 오죽하면 잘 참던 남편이 "맥 빠지는 소리 좀! 안 나게 하라~!"며 수시로 나의 부정적인 말을 걸러내기 바빴다. 그때마다 하나님께 정말 잘 가고 있는지 묻는데, 그러면 하나님께서는 '이 버러지 같은 야곱아'라고 하셨던 설교 때처럼 나에게 아주 직접적으로 말씀하신다.

"맞으니깐... 제발 그냥 나를 좀 믿고 걸어가 줄래?"

작은 것까지도 하나님께 묻고 나아가기

회사에서는 하나의 큰 프로젝트를 하게 되면 팀에서 업무를 분배해서 진행하면 된다. 하지만 자기 사업에서는 우리가 사장이자 직원이라서 모든 과정이 우리의 생각과 손을 거쳐야 했다. 평소 나는 일잘러로 불렸는데도 주어진 업무 외에 다양하고 많은 부분을 신경 쓰고 찾아 움직이는 게 어려웠다. 마치 과부하 걸려서 삐그덕거리는 기계처럼 삶 자체가 틈틈이 멈추는 게 느껴지기 시작했다. 그저 할 일을 우선순위에 따라 해내면 된다고 생각했는데, 아뿔싸... 그 카테고리가 하나가 아니었다.

인테리어 공사가 끝나니까, 카메라를 어떻게 세팅해야 하며 소품은 무엇을 들여놓아야 할지 정해야 했다. 직접 꽃시장을 다녀오기도 하고, 한 푼이라도 절약하기 위해 인터넷 쇼핑몰을 밤낮으로 뒤적였으며, 직장에 있으면서도 틈만 나면 어떻게 운영해야 좋을지 아이디어 노트에 필기했다. 사방에서 생겨나는 고민을 해결하다 보면 발등에 떨어진 불똥처럼 긴박한 문제를 간신히 해치우기도 바빴다. 우선순위가 뒤섞인 건 이미 오래였다.

게다가 이제는 진짜 개업을 서둘러 준비해야 했다. 당시 가장 고민했던 건 '스튜디오를 어떻게 운영해야 하나?'였다. 세세한 부분까지 준비하려면, 실제적인 피드백이 많이 필요했다. 그래서 초반에는 기꺼이 피드백해 줄 사람들을 스튜디오로 초대했다. 지인들에게 직접 연락하거나, SNS에 '스튜디오 가오픈 체험 이벤트'를 한다고 모객하는 글을 올렸다. 스튜디오에서 직접 촬영을 해보게 하고 불편했던 점은 없었는지, 좋았던 부분은 무엇인지 들을 계획이었다.

이번 기회에 오랜만에 만난 지인도 있었다. 아직 제대로 문 열지 않은 스튜디오에 지인들이 올 때마다 반갑기도 하지만 떨리고 긴장되는 마음이 컸다. 발가락이 간질거리는 듯한 이상한 느낌이었다. 서로의 안부를 묻고, 어떻게 스튜디오를 운영하게 된 건지 설명하면서 조금 긴장이 풀리는 것 같았다. 그리고 떨리는 마음으로, 스튜디오 문을 열고 들어서는 순간부터 고객 리뷰를 남기는 순간까지 순서대로 경험하게 했다.

미리 정리해 둔 안내 내용을 들려주면서 설명에 더 포함되면 좋을 내용이 있는지 확인했고, 촬영하면서 불편했거나 아쉬웠던 부분은 없었는지 시시콜콜 물었다. "친구야, 내가 잘되길 원한다면 무조건 하나 이상은 말해야 한다!"며 거의 반협박을 하기도 했다. 그렇게 모은 '찐 후기' 덕분에 촬영용 세팅을 바꾸고, 조명이나 카메라 구도의 설정에 변화를 줬을 뿐 아니라, 스튜디오를 이용하는 데 필요한 설명을 명료하고 친절하게 수정했다. 물론 고객들이 활용할 소품도 더 다양하게 구비했다.

친 언니가 키우는 강아지와 얼마 전부터 목을 가누기 시작한 조카도 와서 사진을 찍고 가게 했다. 덕분에 반려동물과 아이는 어떤 구도로 촬영 세팅을 하는 게 좋을지 다방면으로 구조변경을 시도해 볼 수 있었다. 또 감사하게 지인이 만삭 촬영을 우리 스튜디오에서 하고 가셨다. 덕분에 홍보용 사진이 더 쌓였다.

대부분 스스로 촬영하는 게 처음이었는데, 편하게 촬영할 수 있는 공간도 좋았고 따뜻한 색감에 인물이 선명하게 나온 결과물까지 받으니 너무 좋은 경험이 됐다는 피드백을 줬다. 짧은 기간 동안 많은 의견을 모아보니, '이제 오픈해도 되겠다'는 확신이 들었다. 그렇게 본격적으로 가게 영업을 시작하려고 했다.

그런데... 개업 예배는 영업을 시작하고 드려야 하는 건지, 아니면 시작하기 전에 드려야 하는 건지. 또 개업 떡은 언제 돌리면 되는 건지, 사업을 처음 해보니까 이런 작은 것조차 물음표투성이였다. 여기저기 물어봐도 저마다 경험에 따라 이야기해 주다 보니, '이게 딱 정답이구나' 싶은 답변은 들을 수 없었다. 결국 이번에도 우리가 선택해야 했다. 그래서 나는 남편에게 제안했다.

"하루라도 빨리 수익을 내면 좋으니까, 개업 떡부터 돌려서 우리를 먼저 알리면 어떨까? 그러고 나서 개업 예배드리고, 그날을 개업일로 정하면 될 것 같아!"

어차피 개업 예배를 드리기 전까지의 기간은 사전 영업이니까 진짜 영업을 시작할 때까지 시간분배를 효율적으로 할 수 있을 것 같았다. "좋은 생각이지 않아?"라며 내 의견을 어필했다. 그런데 남편의 반응은 내 예상과 달랐다. 무언가 고민된다는 듯 조금 더 생각해 보면 좋겠다고 하는 것이었다.

하루빨리 영업을 시작해야 하는데... 또 나만 조급한 것처럼 느껴져서, 느긋해 보이는 남편의 답변이 마음에 들지 않았다. 푸우... 나도 모르게 한숨이 새어 나왔다. 며칠이 지나고, 고민을 끝낸 남편이 내게 말했다. 그걸로 우리는 더 이상 고민하지 않기로 했다.

"왜인지 모르겠는데, 이상하게 머릿속에 계속 이 말씀이 떠올라. 사울은 블레셋과의 전쟁을 앞두고 빨리 제사를 지내야 하는 상황이었단 말이야? 문제는, 제사를 드리려면 선지자 사무엘이 도착할 때까지 기다렸어야 했는데... 사울은 코 앞까지 추격해 온 적군 때문에 조급해져서 사무엘이 도착하기도 전에 자기 임의대로 제사를 먼저 올렸어.

그리고 그의 불순종한 행위는 하나님께서 사울 왕을 떠나시는 데도, 사울의 비극적인 죽음까지 이어지는 데도 큰 요인이 되었어. 사울의 성급한 제사가 내 머릿속을 떠나지 않아. 우리는 그렇지 않으면 좋겠어. 우리, 예배 먼저 드리고 영업을 시작하자."

남편의 머릿속에 떠오른 생각이 그저 스치는 생각이라고 느껴지지 않을 정도로 우리 상황과 너무 비슷했다. 계속 이렇게 생각나게 하시는 건 분명한 경고라는 생각이었다. 여기서 나의 고집으로 밀고 나가면, 나도 사울처럼 하나님께 거부당할 것 같은 두려운 마음이 들었다. 하나님께서 우리의 삶을 계속 말씀을 통해 인도하시는 걸 몸소 경험하고 있었기에, 남편이 나눠준 이야기는 말씀에 귀를 기울여야 하는 사인으로 받아들이기로 했다.

"그런 이유라면, 나도 좋아. 오빠에게 그런 마음이 들었던 게 우연이라고 생각하지 않아. 하나님께 사소한 것 하나까지 여쭤보며 나아가야 했는데, 내 생각으로 진행하려고 했다는 걸 오빠를 통해 지금이라도 깨닫게 하시는 것 같아. 그렇게 하자!"

예전의 나였으면 스튜디오에 붙잡혀 돈도 못 벌어오고, 10킬로그램이 빠져서 거의 가죽밖에 남지 않은 남편을 보며 '이 꼴에 속 좋은 소리나 한다'며 불만을 터뜨렸을 거다... 사실 한 치의 망설임 없이 말씀에 순종하는 내가 굉장히 낯설게 느껴질 정도였다. 나의 입에서도 이런 고백을 올려드리는 때가 오다니... 감회가 새롭다.

'오직 내가 두려워해야 할 존재는, 하나님 한 분뿐이다'

온전히 따라간다는 것은

고난 속에서 하나님을 찾게 되는 성경 이야기가 사실, 전부 나의 이야기라고 했던가? 참 신기하게도 하나님께서는 눈앞의 현실에 가려진 모든 해결책을 말씀 안에서 찾아가게 하셨다.

40년 동안 광야에서 이스라엘 백성을 수없이 떠돌게 하셨던 것도, 성실하게 열심히 일했던 요셉이 억울한 누명을 받아 감옥에 갇혀야만 했던 것도, 혁명을 일으킬 거라 기대하며 왕으로 모셨던 예수님이 십자가에서 허무하게 죽어야만 했던 것도 다 하나님의 계획이었다. 광야에서 먹이고 입히시고 훈련하시며 그때마다 하나님만 찾을 수 있는 습관을 만들어가게 하셨고, 기도하면서 하나님과 꾸준히 소통했던 요셉을 통해 이스라엘의 새로운 미래를 그려나가셨다. 어디 그뿐인가, 예수님의 죽음과 부활 덕분에 우리는 인간의 몸으로도 하나님과 직접적으로 소통할 수 있게 되었다.

이렇게 어차피 모든 것이 하나님의 큰 그림 안에 있다면, 우리는 모든 상황에서 만나는 문제들을 하나님과 상의하는 게 당연했다. 그래서 직접적으로 하나님이 어떻게 일하시는지 순종하며 따라가 보기로 했다. 오늘 점심에 뭘 먹을지, 빨래할지 말지 등. 굉장히 사소한 것까지 '이거 어떻게 해야 할까요?'라며 여쭤보기 시작했다. 더 자주, 더 많이 기도하면서 하나님과 동행하려고 노력했다. 또 그 어느 때보다 말씀을 집중해서 읽으면서 지금 내가 잘 가고 있는지, 팩트를 체크하며 움직이고자 했다.

아이러니하게도 학창 시절 수련회에서 뜨겁게 만났던 하나님보다, 지금 이렇게 자잘하게 만나는 하나님의 은혜가 더 묵직하게 느껴졌다. 또 말씀과 찬양을 수없이 읽고 들어야 했던 전도사 & 찬양 사역자 시절보다 더 깊은 묵상을 할 수 있게 되었다. 또 여러 직장 생활을 통해 만난 하나님보다 사업하는 지금, 더 다채롭게 하나님을 만나고 있다.

나아가 모든 일에 앞서 미리 알려주시지 않고, 굳이 문제 상황이 생기고 멘탈을 털려 가면서 일을 해결하는 과정에서 내가 어떻게 해야 하는지 알게 하셨다. 전에는 도대체 왜 이러시냐며 투덜댔다면, 이제는 하나님과 소통하는 방식도 진짜 대화하듯 바뀌었다는 게 느껴진다.

"아, 하나님 또 이러시네~ 그래도 감사합니다. 오늘도 덕분에 성장했어요. 그런데요, 하나님. 다음에는 조금만 일찍 알려주시던가 난도를 좀 낮춰주시면 어떨까요? 그래도 견딜 수 있을 정도로만 시련을 주시는 건 정말 늘 고맙게 생각해요. 내일도 잘 부탁드려요, 주님. 사랑합니다."

누군가는 나의 이런 대화 방식을 보고 감히 하나님께 버릇없게 군다고 생각할 수도 있다. 하지만 전 세계 부모가 자기 자녀와 똑

같은 말투로 일괄적인 관계를 형성하지 않으니까. 나는 격식 차리고 "전하! 통촉하여 주시옵소서!"라는 식으로 기도하면, 나의 아버지와 대화하는 게 아닌 것 같고 거리감까지 느껴졌다.

때론 격하게, 또 가끔은 느슨하게 몇 시간 동안 수다를 떨어도 질리지 않고, 묵묵히 옆에만 있어도 힐링이 되는 친구처럼 하나님을 대할 때 하나님도 내게 더 가깝게 다가오신다고 생각한다.

♦

앞서 말했던 변수와 사건 때문에 예정보다 한 달 반 정도 개업일이 지연되면서 월세가 밀리게 생겼다. 지인들은 이런 경우 유연하게 먼저 영업을 시작하고, 나중에 개업 예배를 드려도 다들 이해한다고 했다. 그 말을 듣고 나니 '오픈부터 해도 되지 않을까?' 싶은 생각이 슬쩍 자리 잡기 시작했다. 심지어 아내도 순서의 문제지 우리가 어떻게 정의하느냐에 따라 달라지지 않겠냐고 나를 설득하려 했다. 평소에는 그냥저냥 알고만 있던 말씀이 좀처럼 내 머릿속에서 떠나지 않아 너무 괴로웠다.

8 사울은 사무엘이 정한 기한대로 이레 동안을 기다렸으나 사무엘이 길갈로 오지 아니하매 백성이 사울에게서 흩어지는지라
9 사울이 이르되 번제와 화목제물을 이리로 가져오라 하여 번제를 드렸더니

10 번제 드리기를 마치자 사무엘이 온지라 사울이 나가 맞으며 문안하매

11 사무엘이 이르되 왕이 행하신 것이 무엇이냐 하니 사울이 이르되 백성은 내게서 흩어지고 당신은 정한 날 안에 오지 아니하고 블레셋 사람은 믹마스에 모였음을 내가 보았으므로

12 이에 내가 이르기를 블레셋 사람들이 나를 치러 길갈로 내려오겠거늘 내가 여호와께 은혜를 간구하지 못하였다 하고 부득이하여 번제를 드렸나이다 하니라

13 사무엘이 사울에게 이르되 왕이 망령되이 행하였도다 왕이 왕의 하나님 여호와께서 왕에게 내리신 명령을 지키지 아니하였도다 그리하였더라면 여호와께서 이스라엘 위에 왕의 나라를 영원히 세우셨을 것이거늘

14 지금은 왕의 나라가 길지 못할 것이라 여호와께서 왕에게 명령하신 바를 왕이 지키지 아니하였으므로 여호와께서 그의 마음에 맞는 사람을 구하여 여호와께서 그를 그의 백성의 지도자로 삼으셨느니라 하고

15 사무엘이 일어나 길갈에서 떠나 베냐민 기브아로 올라가니라 사울이 자기와 함께 한 백성의 수를 세어 보니 육백 명 가량이라

– 사무엘상 13장 8절~15절

며칠을 고민한 끝에 소정이와 이 말씀을 두고 이야기했다. 내 마음이 계속 찝찝했던 이유가 말씀 안에 있었고, 사울의 성급한 결정이 어떤 결과를 초래했는지 성경에서 확인할 수 있었다. 비로소 아내도 조급한 마음을 내려놓고 나의 의견을 따르기로 해 주었다. 담임목사님께 개업 예배를 부탁드린 지 2주가 더 지났다. 하지만 오롯이 기쁜 마음으로 개업 예배를 드렸고, 하나님의 은혜로 스튜디오를 개업할 수 있었다. 지금까지 지켜주신 덕분에 무사히 '더안녕 스튜디오'를 시작할 수 있음에 감사했다.

'하나님, 앞으로도 잘 부탁해요! 친하게 지내요!'

처절한 고난의 시간을 지나 보내고 나니, 우리의 조급함이나 근거 없는 생각보다 더 크신 주님이 우리의 모든 준비 과정을 주관하고 계셨다는 걸 알 것 같았다. 그래서 어떤 선택을 해야 하는 순간에 방향 잡는데 도움이 되는 나만의 질문법을 만들었다. '이렇게 선택하면 말씀에서 어떻게 됐더라?' 식으로 말씀에 초점을 두고 따라가는 것. 내가 궁금한 건 이미 말씀에 다 나와 있었다.

내가 너희를 고아와 같이
버려두지 아니하고 너희에게로 오리라
- 요한복음 14장 18절

부부의 대화

희구 : 처음 스튜디오 계약할 때, 여보가 엄청나게 불안해하면서 "우리 잘 가고 있는 거 맞겠지?"라고 여러 번 물어봤던 게 요즘도 가끔 생각나. 지금은 그때랑 달라진 게 있어?

소정 : 음... 하나는 분명해진 것 같아! 하나님 안에 있어도 움직이지 않으면 알 수 없다는 거! 어쨌든 우리가 도전해 봤으니까, 지금의 하나님을 경험할 수 있었던 거니까. 그래서 그때 잘한 도전인가 생각해 보면, 무조건 예스야!!!

희구 : 다행이다! 나도 하나님과 친밀하게 살아가는 필살기를 제대로 하나 더 배우게 된 것 같아. '말씀에서는 어떻게 됐더라?'라고 생각하는 게 삶에서 정말 중요하다는 걸 몸소 깨달았어.

소정 : 이상한 게, 아직 내 안에 불안이 사라진 건 아니거든? 그런데 하나님을 신뢰하는 마음이 더 확고해진 것 같아.

희구 : 이번에 기질 성격 검사하고 상담받은 게, 여보한테 도움이 됐나 보다.

소정 : 응. 예전엔 자꾸 쉽게 불안에 무너지는 나의 기질이 너무

싫었는데, 하나님이 원하시는 가장 적절한 때에 활용하실 것이라는 믿음이 생기니깐 내 삶을 더 기대하게 돼!

희구 : 감사하다... 그때 상담받고 뭔가 평안해진 네 표정을 잊을 수가 없어.

소정 : 이제는 나도 "하나님 저 잘하죠?" 하는 모습으로 나아가고 싶어졌어. 그래서 오빠한테 같이 말씀을 읽어보자고 했고.

희구 : ㅋㅋㅋ. 처음엔 내가 잘못 들었나 했어~ 아주 말씀에 진심이 돼서 깜짝 놀랐네!

소정 : 아니... 부끄럽지만 모태신앙이라면서 말씀을 제대로 읽어본 적이 거의 없더라고. 하나님이 말씀을 통해서 우리한테 뭔가 알려주시려고 하는데, 내가 성경을 너무 잘 모르고 있는 것 같아서... 나도 오빠처럼 "말씀에서는 어떻게 됐더라?" 떠올리면서 가고 싶어졌단 말이야.

희구 : 덕분에 나도 더 열심히 읽어봐야겠다고 다짐하게 됐어. 항상 이렇게 서로에게 좋은 시너지가 돼서 감사해. 말씀이 우리의 우선순위가 되었을 때, 어떻게 이끌어가실지 기대된다! 지금처럼 서로 좋은 자극제가 되어주자!! 화이팅~

부부의 기도

아버지,
우리 안에 선한 것이 하나도 없습니다.
그것을 깨달으니 아버지 앞에 나아가는 것조차
너무 부끄러웠습니다.

하지만 주님은 여전히 그 자리에서
우리를 향해 손 내밀고 계셨고
그 길이 맞다며 힘껏 응원해 주셨습니다.

여전히 우리는 거듭 쓰러지고 또 넘어지나
우리의 모든 것을 주님께 드리기를 원합니다.

말씀을 통해 이야기해 주시고
삶으로 이끌어주시니 감사합니다.

삶의 작고 사소한 문제도
하나님께 묻고 나아가는 습관을 갖게 하시고
간혹 우리가 삶의 주인이 되려 할 때마다
한시라도 빨리 회개하고
다시 말씀으로 돌아올 수 있도록
곁에서 늘 도와주세요.

7

열심히 노력하면 진심은 통한다

모든 안녕의 순간을 담는 공간

하나님이 주신 '하나 된 목표'를 가지고, 무수한 어려움과 불안을 딛고 셀프 사진 스튜디오 문을 열었다. 세상의 풍파에 젊은 패기가 꺾이려고 할 때마다 하나님께서는 말씀으로 우리를 위로하시고 새 힘을 주시면서 이끌어 가셨다. 가구와 소품을 채우며 스튜디오가 점점 자기 모양을 찾아갔다. 남편은 "이렇게 예쁘게 잘 만들어질 거면... 과정까지 아름다웠으면 얼마나 좋았겠어. 하나님, 너무하셨어."라며 하나님께 농담 아닌 농담을 던지기도 한다.

쉽게 가도록 두셨으면 좋았겠다며 살짝 원망하려다가, 이내 마음을 다잡고 '이런 역경 덕분에 우리 부부의 스토리가 다이나믹하게 쌓인다'고 감사하게 된다. 우리는 이렇게 맑았다 흐렸다 하는 것이 좋다. 사람이 어찌 늘 옳고 곧기만 할까. 그저 흔들리고 넘어져도 하나님 안에 있는 것이 기뻐할 일이라는 것을 안다. 넘어지고 다시 일어나는 과정을 반복하면서, 우리가 이 공간을 왜 만들고 싶어 했는지 잊지 않기 위해 노력했다. 본질을 잃는 순간 모든 의사결정이 산으로 간다는 것, 그리고 하나님의 시선을 좇기보다 그저 돈만 좇게 될 것을 본능적으로 알았던 것 같다.

◆

　간호학도는 3학년 때부터 병원에 임상실습을 나간다. 그에 앞서 나이팅게일 선서식이라고, 촛불을 손에 들고 간호사로서의 윤리와 간호 원칙을 담은 내용을 맹세하는 선서를 한다. 나는 나이팅게일 선서문 중에서 '나의 간호를 받는 사람들의 안녕을 위하여 헌신하겠습니다'라는 문장이 가장 좋았다. 여기에서 '안녕(Welfare)'은 명사로는 '행복, 복지'를 뜻한다. 안녕하다는 동사는 '아무 탈 없이 편안하다'라는 뜻을 갖는데, 선서를 통해 나의 간호를 받는 사람들이 아무 탈 없이 편안할 수 있도록 헌신을 다하겠다던 그 마음가짐이 얼마나 숭고하고 값진 것인지 마음 깊이 와닿았던 것 같다.

　늘 일상에서 주고받던 "안녕하세요"라는 인사가 사실은 서로의 무탈함을 바라는 의미를 담고 있다는걸, 사람들은 알고 있을까? 나는 안녕의 의미를 알고 나서부터 식당 문을 열고 들어갈 때도,

버스를 탈 때도, 손님을 맞이할 때도 그들의 안녕을 바라는 마음으로 더 씩씩하게 인사하게 되었다. 비록 누군가의 안녕을 위해 최선으로 일하다가 건강이 나빠지기도 했고, 너무 마음을 많이 준 탓에 실망이 컸던 적도 있었지만, 여전히 내가 사람들의 안녕을 바라는 마음은 한결같았다.

남편이 열심히 일하고, 돈을 벌려고 하는 이유도 도움이 필요한 곳을 마음껏 도우며 살고 싶은 마음에서였다. 남편의 선에서 타인의 안녕을 돕기 위함이었다. 자연스럽게 우리 둘 다 누군가의 안녕을 바라는 마음으로 하나가 되고자 했다. 그렇게 우리 소꾸부부의 첫 사업 터 겸 사역지인 스튜디오의 이름은 '**더안녕 스튜디오**'로 지었다. 이 곳을 방문하는 모든 사람들이 무탈하기를 바라고, 편안한 분위기 속에서 추억을 쌓는 공간이 되길 기도하는 마음을 담았다.

스튜디오를 준비하면서 노키즈존이나 반려동물 출입이 금지된 장소가 많아지는 것에 대해 아쉬운 마음이 컸다. 그래서 우리 스튜디오에는 반려동물도, 어린 아이도 올 수 있는 '예스존'을 만들기로 했다. 특히 아이들과 동물을 예뻐하는 우리 부부의 사심을 채울 명분으로도 좋았다.

멍멍 조카를 키우는 친 언니가 최근에는 꼬물꼬물 사랑스러운 아가까지 낳아서 나는 이제 두 조카의 이모가 되었다. 그래서일까? 전에도 아이들이 예뻤지만, 요즘은 심장에 무리를 줄 정도로 사랑스럽다. 특히, 스튜디오를 방문했던 꼬마 아가씨가 나와 음악 취향이 잘 맞아 여자 아이돌 노래에 맞춰 함께 춤을 췄던 일이나, 단체로 방문한 6살 유치원 친구들이 더안녕 이모가 좋았다며 꼭 껴안아 주고 집으로 돌아가던 그 모든 순간은 잊을 수 없는 보물 같은 기억이다.

하나님 안에서 버려지는 시간은 없다고 하지 않은가. 나는 교회 유치부 교사로 봉사하면서 아이들과 어떻게 소통해야 하는지 자연스럽게 익혔다. 아이들에게서만 만날 수 있는 순수한 마음이 좋고, 같이 놀다 보면 나도 모르게 동화되는 것 같다. 아이들과 함께 있다 보면 하나님께서 왜 어린아이와 같은 믿음으로 예배하길 원하시는지 알 것 같다.

우리 스튜디오도 그런 공간이 되기를 원한다. 작지만 들어와 보면 좋은 분위기에, 좋은 향기가 나고, 촬영할 때 편안하게 해줘서 기분이 좋은 곳. 스튜디오를 나선 후에도 그날의 기억이 추억으로 남아 온전히 행복한 감정을 남길 수 있는 곳이었으면 한다. 그래서 추억하고 싶은 날마다 또 오고 싶은 곳이 되길 바란다.

'앞으로도 이곳이 축복의 통로가 되면 좋겠다'는 것은 우리 부부의 약속이자 신앙 고백이다. 그리고 더안녕 스튜디오를 다녀가는 모든 사람에게 진심으로 다가가는 원동력이 되고 있다.

사랑하기로 작정했다

　요즘은 새로운 곳에 갈 때, 네이버 플레이스 리뷰나 블로그 리뷰를 보고 결정을 하곤 한다. 그곳의 위치나 인테리어, 가격도 방문에 영향을 미치는 중요한 요소가 되지만, 결정적인 선택을 하게 만드는 요소는 다녀온 사람들의 '후기(리뷰)'다. 사실 광고를 목적으로 한 후기도 많아서 확실히 검증된 곳인지 확인하기가 쉽지만은 않다. 스무 개 넘는 글을 훑어보고 나서야 그곳의 평균적인 반응을 예측할 수 있을 정도라고 할까. 특히나 요즘에는 '시간이 금'이라는 인식이 더 깊어져서, 단 한 번을 가더라도 의미 있고 좋은 경험을 할 수 있는 곳에 가기 위해 찾게 된다. 그 때문에 방문 리뷰는 정말 중요한 정보가 된다.

　남편은 소비자의 입장에서 리뷰를 계속 보면 "진짜는 '감정'이 느껴진다"고 했다. 보통은 치명적인 문제가 있다는 후기가 보이는 게 아니라면, 어느 정도 감안하고 방문하게 된다. 그래서 우리 스튜디오를 준비할 때도 이런 부분을 신경 쓰는 것이 좋을 것 같다고 했다. 먼저 사업을 시작한 지인은 우리가 스튜디오를 시작했다고 하니까, 먼저 돈을 써서 네이버 플레이스 리뷰를 남기라고 했다. 우리 가게를 직접 이용한 것처럼 감쪽같이 잘 써준다며 그것부터 공략하라고 했다. 사람들이 리뷰를 보고 방문하게 될 테니까 말이다.

　하지만 이 부분에 대해 우리만의 고집이 있었다. 실제로 직접 이용하셨던 분들이 남기는 후기로만 쌓아가고 싶었다. 더 멀리 바라본다면 그게 더 의미 있다고 생각했다. 사업 관련한 공부를 하다 보니, 서비스든 물건이든 무언가를 판매하기 위해서는 고객의 입장에서 생각해야 한다고 했다. 남편은 하나님이 성경에서 이미 쉼 없이 사업 전략을 알려주고 계셨다며 신이 난 목소리로 말했다. 이전 같으면 '에이 그래도 사업인데, 이래도 되나?' 싶었을 텐데, 이제는 나도 알고 있다. 답은 오직 하나님께 있다는 것을.

"네 이웃을 내 몸과 같이 사랑하라, 원수마저 사랑하라, 내가 너희를 사랑한 것 같이 너희도 서로 사랑하라! 이게 바로 사업 전략 아니겠어!"

"어디 한 번, 하나님이 부어주시는 사랑의 늪에서 고객들이 헤어 나오지 못하게 만들어 보자고!!!"

◆

현재 우리 스튜디오는 완전 무인 시스템이 아니라, 직원이 상주하는 셀프 스튜디오로 운영되고 있다. 신도시라 그런지 어린아이나 반려동물과 함께 오는 경우가 많다. 그러다 보니 예상하지 못한 이벤트가 자주 생긴다. 아이들은 어릴수록 집중력에 한계가 있고 동물들도 대부분 가만히 있지 않기 때문이다. 그래서 기분 좋게 왔다가 점점 지친 고객들은 언성을 높이게 되고 곧이어 아이의 울음소리와 부모님의 한숨 소리가 함께 들려온다. 전문 작가와 촬영할 때도 아이가 너무 힘들어하면 도중에 취소되는 경우가 있을 정도니, 얼마나 어려운 일이겠나. 상황을 옆에서 듣다 보면 자연히 이런 생각이 떠오른다.

'부모님도 이 상황이 얼마나 힘들고 지칠까? 도와드리고 싶다.', '아이가 지금 컨디션이 안 좋은가? 어떻게 하면 기분 좋게 해서 조금이라도 더 찍어갈 수 있게 도와줄 수 있을까?'

그래서 울고 있는 아이에게 천천히 다가가 안아주고, 달래고, 간식도 챙겨 건넨다. 그리고 부모님에게도 힘내시라며 음료를 챙겨드리거나 아이들이 카메라에 집중할 수 있도록 유도했다. 사실, 이곳은 셀프 촬영 스튜디오 아닌가? 신경 쓰지 않고 우리가 할 일만 해도 된다. 그럼에도 굳이 땀 뻘뻘 흘리며 도우려 하는 데는, 우리가 그들을 그냥 고객이나 손님 정도로 여기지 않고 '예수님의 마음으로 사랑해야 할 이웃'으로 생각하기로 작정했기 때문이다.

이해하고 품어야 할 존재로 대하며, 어떻게든 그들이 좋은 추억을 만들어갈 수 있도록 도와야겠다는 마음으로 기도하고 섬겨야겠다고 생각했다. 그 어떤 노력과 전략도 하나님이 주신 사랑의 마음으로 하는 섬김은 절대 이길 수 없다는 걸 증명이라도 하듯, 우리의 진심 어린 노력은 여러 방면에서 우리에게 큰 결과물로 다가오기 시작했다.

한 번은, 어느 맘 카페에 우리 스튜디오 소문이 좋게 난 걸 보고 아이들과 함께 방문하신 고객이 리뷰까지 예쁘게 남겨 주셨다. 물론 이전에도 다녀간 분들이 네이버 방문자 리뷰에 후기를 남기신 적이 있다. 대체로 몇 글자 되지 않는 짧은 내용들이었다. 하지만 리뷰 하나 쓰기 위해 네이버 사이트에 로그인하고, 절차에 맞게 선택하고, 촬영이 끝나기까지의 과정을 떠올리며 내용을 적어야 한다는 것 자체가 번거롭고 귀찮은 일이라는 것을 너무 잘 안다. 그래서 그 짧은 리뷰마저 감사해서 진심을 담아 답글을 달았다.

그런데 이제는 '세상에… 이렇게까지?!' 싶을 정도로 너무 만족스러웠다며 장문의 후기를 남겨주시는 손님이 늘어나기 시작한 것이다. 리뷰가 차곡차곡 쌓여가던 어느 날부터는 스튜디오를 어떻게 알고 오셨냐고 물으면 "여기 스튜디오에 달린 리뷰가 가장 좋아서 왔어요!"라고 대답해 주시는 분들이 늘어나기 시작했다. 리뷰만 보고도 '일단 믿고 오게 됐다'는 말은 우리가 신뢰하는 하나님의 방식이 먹힌다는 걸 증명하는 순간이었다.

자라게 하시는 이

첫 직장에서 본질을 놓치지 말아야 한다는 걸 배운 덕분에, 손님을 기분 좋게 만드는 걸 넘어 촬영한 사진이 예쁘게 나와야 하는 건 기본 중의 기본이었다. 많은 경우, 사람들은 서비스가 조금 미숙해도 대체 불가능한 퀄리티로 촬영 결과물을 받으면 마지못해 다시 방문할 확률이 높다. 반대로 서비스가 아무리 좋아도 결과물이 엉망이면 재방문하고 싶지 않게 된다. 우리 스튜디오를 선택하게 되는 이유는 다양하겠지만, 사진을 찍으러 왔다면 사진이 잘 나와야 하는 게 가장 중요하다고 생각했다.

개업 초반에는 지인들이 와서 촬영하고 피드백 해주는 것으로 스튜디오 운영의 세세한 부분들을 보완했다. 그런데 문득 '지인이라서 좋게만 말해주는 것 아닐까?'라는 의심이 들기 시작했다. 객관적인 데이터가 필요했다. 우리 부부를 전혀 알지 못하는 고객들에게서, 오로지 촬영 과정과 결과물만으로 받은 좋은 평가가 쌓였으면 좋겠다고 생각했다.

그러던 중, 셀프 촬영 경험이 있는 사람들로부터 기존의 셀프 스튜디오 이용 후기를 들을 기회가 있었다. 많은 경우, '보정본만 잘 건져도 좋다'는 생각으로 촬영하러 가는 경우가 많다고 했다. 촬영한 스튜디오에서 제공하는 원본 사진 파일의 퀄리티가 별로인 경우가 많기 때문이었다.

'이거다!'

보정도 잘 해주지만, 원본 사진부터 너무 예쁜 곳이라는 소문이 나는 게 우리 스튜디오의 차별점이 될 것으로 생각했다. 그래서 조명의 구조나 수량에 변화를 줘보기도 하고, 카메라의 구도를 바꾸기도 하면서 가장 좋은 느낌을 찾으려고 했다. 이 작업이 생각보다 쉽지 않았다. 이제 됐다 싶으면 색감이 예쁘지 않았고, 이젠 정말 완성이다 싶으면 구도가 예쁘지 않았다. 이번엔 정말 된 것 같다고 했지만 카메라가 초점을 제대로 잡지 못하는 등… 알 수 없는 오류들이 생겨서 만족스럽지 못했다. 시원하게 해결되지 않는 문제들 때문에 답답했지만, 그때마다 '힘들어 죽겠어요, 주님! 이것 좀 도와주십쇼! 주님!'이라 기도하면서 가장 좋은 조건을 찾기 위해 쉬지 않았다.

우리가 가장 신경 쓴 부분은 사진의 색감이었다. 전부터 우리 부부가 셀프 스튜디오로 사진 찍으러 다니면서 가장 아쉽다고 생각했던 게 있다. 바로, 흑백이나 화려한 일러스트 필터가 입혀진 인화지에 사진을 찍어야 한다는 것이었다. 이제는 휴대전화 기능이 좋아져서 직접 색감 조절이 가능한데, 처음부터 흑백으로 찍은 사진은 나중에 예쁜 색감으로 바꿀 수 없기 때문이었다. 그래서 우리가 스튜디오를 운영할 때는 무조건 컬러 촬영으로 해야겠다고 생각했다. 문제는, 다른 스튜디오들과 차별화할 '무엇'을 찾지 못한 것이었다. 평소 개인적으로 따뜻한 느낌의 버터 색감을 입혀 보정하는 걸 좋아했다. 문득, 우리 스튜디오 사진에도 그 색감을 입힐 수 있으면 좋겠다는 생각이 들었다. 인물이 노랗게 뜨거나, 형체가 흐릿해지지 않도록 거듭해서 방법을 찾고 또 찾았다. 그렇게 지금의 우리 톤을 찾아냈다!

그리고 드디어 '색감 맛집', '배경은 따뜻하고, 얼굴은 깔끔한 결과물'이 우리 스튜디오의 시그니처가 되었다. 이제는 우리 서비스와 사진 퀄리티까지, 모든 게 좋다며 방문하는 고객들이 늘고 있다. 그리고 고객들이 남기는 대부분의 리뷰에서 '원본 자체도 예쁘다.', '색감 맛집이다.', '친절하다'라는 평을 흔하게 볼 수 있게 됐다.

♦

한 번은, 출산을 앞둔 임산부 손님이 기념 촬영을 하기 위해 스튜디오를 방문하셨다. 이전에 조리원과 연계된 곳에서 비싼 돈을 주고 촬영했지만, 마음에 들지 않았고 리뷰를 보다가 우리 스튜디오에 오셨다고 했다. 부부가 촬영부터 결과물로 받은 사진까지 너무 좋았다며 만족해하셨다. 한 달쯤 지났을까. 이번에는 멀리서 사는 고향 친구들까지 데려와서는 "여기가 거기야~"라며 우리 스튜디오를 왜 추천했는지, 뭐가 좋았는지 설명해 주시며 직접 가이드까지 되어주셨다. 이후로도 조리원과 연계된 스튜디오에서 촬영한 기념사진이 마음에 들지 않았다며, 우리 스튜디오를 찾는 고객들이 많아졌다. 놀랐다. 좋아해도 되는 거겠지...?

한 손님은 동네 친구들과 아이들을 데리고 와서, 마치 전쟁터를 방불케 하는 소란 속에 사진을 찍고 가셨다. 많은 아이를 챙기느라 땀 범벅이 된 어머니들, 그럼에도 열정적으로 촬영하고 너무 즐거워하시던 모습이 기억난다. 그런데 얼마 지나지 않아 또 다른 분들을 데리고 또 방문하신 게 아닌가! 다음에 또 오겠다고 하시더니, 세 번째는 가족과 연말을 기념하는 사진을 찍고 가셨다. 친구들에게 추천도 해주시고, 세 번이나 방문하신 그 손님은 오실 때마다 음료를 사다 주시거나 SNS에 스튜디오 홍보까지 적극적으로 해주시는 등, 우리 스튜디오의 '찐팬'이 되어 있었다.

우리는 보내주시는 그 마음에 다시 보답하고자, 지금보다 더 나은 서비스와 퀄리티를 만들어내기 위해, 계속해서 새로운 시도를 하고 있다. 물론, 진심이 통하지 않는 경우도 있다. 우리가 아무리 최선을 다해도 미적지근한 반응을 보이는 사람들에게 괜히 우리가 뭐 실수한 게 있나 싶어서 찝찝하기도 하다. 그럼에도 우리가 계속 전진할 수 있는 것은 우리를 나아가게 하는 힘이 땅에 있지 않고 하늘에 있기 때문이다. 실망하고 낙담할 시간에 어떻게 하면 더 섬길 수 있을지 고민하기를, 그리고 그런 우리에게 지혜를 더하시길 기도해 본다. 우리는 앞으로도 하나님만 붙들며, 믿음의 눈으로 세상을 바라보며 살기로 했다.

축복의 통로로 쓰임 받게 해주세요

우리 부부와 가까운 사람 중에는 사업하는 사람이 없었다. 오로지 안정적인 직장을 성실하게 다니던 근로자들뿐이었다. 그러다 보니 사업을 시작하겠다는 우리의 다짐은 가족의 걱정거리가 되었다. 우리보다 한발 앞선 선배가 있었다면 좋았을 텐데, 문제가 생겼을 때 바로 물어볼 수 있는 사람이 없어서 외롭기도 했고, 정말 막막할 때가 많았다. 물론, 이런 상황 덕분에 하나님만 오롯이 더 바라볼 수 있었지만, 눈앞에 있는 문제를 빨리 해결해야 하는 상황에서 우리가 할 수 있는 것은 그저 "하나님, 초보 사장인 저희를 도와주세요."라고 외치는 것뿐이었다.

너무 바쁘게 살다 보니 가족들과 자주 만나지 못했다. 죄송하게도 연락조차 하지 못할 때도 많았다. 가족들은 "너희 부부는 왜 이렇게 얼굴 보기 힘드냐?"며 서운한 마음을 자주 비쳤다. 마음 같아서는 우리도 사람들과 만나서 맛있는 밥도 먹고 카페에서 편히 근황도 나누고 싶었다. 누구보다 사람 만나는 것을 좋아하는데, 일에만 몰두해도 바쁜 현실에서 도망치고 싶었던 적이 한두 번이 아니었다.

"하나님, 정말 이 길이 맞는 걸까요? 가능하면 이 잔을 제게서 치워주세요..."라고 투정 부리듯 기도하면, 그때마다 "나는 지금 이 시간을 통해 너를 성장시키고 싶어"라는 마음이 들게 하셨다. 그러면 "그럼 해낼 힘을 주시던가요!"라며 심술부리듯 외치고는 못이긴 척 다시 해야 할 일을 찾았다.

 가족 모두에게 일일이 연락하는 건 많은 에너지가 소모되는 일이었다. 그래서 어떻게 하면 어렵지 않게 우리의 근황을 알릴 수 있을지 고민했다. 그러다 문득 'SNS를 활용해야겠다'는 생각이 들었다. 그래서 남편과 나의 계정을 통해 현재 스튜디오 사업을 준비 중이며, 우리가 직접 인테리어도 하고 공간을 꾸미고 있으니 놀러 오라는 스토리와 게시글을 올렸다. 게시글에 사람들의 응원 댓글이 달리기 시작하면서, 연락이 닿지 않던 지인들에게서도 응원이 쏟아졌다.

 정말 신기하게 최근 사업을 시작한 동지가 생겼다는 지인부터 우리에게 도움이 될 만한 부분이 있으면 먼저 연락을 주는 분들까지 생겨나기 시작했다. 하나님의 은혜를 기대하며 기도하는 것도 너무 중요하지만, 그만큼 우리도 움직여야 한다는 걸 몸소 깨닫게 하신 것 같다. 소위 말해 '떡상'시켜주고 싶어도 하나님의 입장에서는 내가 아무것도 하지 않으면 절대 일어나지 않았을 일이다.

 우리의 진심이 사람들에게 닿기를 기도하며 콘텐츠들을 꾸준히 쌓고 있다. 우리 부부가 열심히 사는 이유, 하루하루 쌓는 감사 일기, 어떤 비전을 품고 있는지를 계속 올리다 보면 어느새 우리 삶에 녹아 있는 하나님의 사랑이 전파될 거라 믿는다.

◆

 시간이 지날수록 '초보 사장인 우리를 도와달라'던 기도가 땅에 떨어지지 않았다는 것을 깨닫는다. 정말 신기하게도 주변에 사업하시는 분들을 하나둘 만나게 됐고 도움이 될 만한 책과 영상을 소개받았다. 그리고 이 시간을 통해 우리는 근로자에서 사업자로 변화되고 있었다. 사업하는 사람들로부터 공통으로 "요즘은 온라인을 뚫어내지 않으면 안 된다"고 들은 것이 기억에 남는다. 무엇보다 빠르게 변하는 세상에 대한 이야기를 많이 주고받았다. 그때 '사업가는 누구보다 세상의 변화에 민감하게 반응하고 그에 맞는 방법을 찾아내는 사람들이구나' 생각했다. 그런데 그보다 더 놀라운 건 역시 하나님이었다. 큰 그림의 달인이랄까...?

 이전부터 관심이 있어 영상 편집과 마케팅에 관한 공부를 했다. 그리고 센터에서 일하면서 기존의 전공과는 전혀 관련 없는 행사 기획부터 포스터 제작, 홍보와 강의까지 맡아 습득하게 되었다. 그런데 지금껏 연결되지 않던 것들이 우리 스튜디오 사업에 자연스럽게, 또 집합적으로 사용되기 시작했기 때문이다.
 그뿐만 아니라 이전부터 영상을 제작하고 SNS를 운영하는 데 관심이 있었다. 쇼츠 영상을 제작하는 실력을 키우기 위해 8주 동안 3일에 1번 영상 만드는 챌린지에 참여하기도 했다. 놀랍게도 참여한 챌린지가 끝나자마자 스튜디오 준비가 시작되면서, 개업

이후 다양한 쇼츠 영상을 만들어 홍보하는 데 사용할 수 있었다. 이게 이렇게 쓰이다니…

'마음이 과거에 있으면 후회하고, 미래에 있으면 불안해한다'는 글을 어디선가 본 적이 있다. 결국 마음을 현재에 둘 수 있도록, 주어진 하루를 소중하게 생각하고 살아가는 게 우리가 할 수 있는 일이 아닐까. 하나님께서는 우리가 감당할 수 있는 시련만 허락하신다고 했다. 그것이 두려움을 안고 살아가지 않아도 되는 이유다. 우리의 삶을 하나님께서 축복의 통로로 사용하시길, 또 우리의 삶을 어떻게 만들어가실지 기대하는 마음으로 내딛는 삶이 되길 바란다.

알 수 없는 하나님의 일하시는 방식

전도사 사역을 할 때 가장 크게 훈련받았다고 생각하는 것은, 나를 힘들게 하는 사람을 사랑할 수 있도록 노력하고 기도하는 것이었다. 아무리 좋은 걸 먹이고, 긴 시간을 투자해 이야기를 듣고 상담해 줘도 크게 달라지지 않거나, 끊임없이 나를 실망하게 만드는 사람들을 보면 가끔 화가 나기도 했다. 그동안 내가 공들인 시간과 체력이 아깝게 느껴졌다. 한 번은, '하나님께서 우리의 변하지 않는 모습을 보며 이렇게 펄펄 끓는 애통함을 느끼셨겠구나' 싶었다. 그래서 이제는 공감할 수 있음에 감사하다.

사역하면서 훈련받은 덕분에 사람의 성향을 빠르게 파악하는 습관이 길러졌고, 스튜디오를 찾아주시는 손님의 성향과 현재의 기분을 살피는 데도 큰 도움이 되었다. 이를테면, 손님이 내가 건넨 말에 어떤 반응을 보이는지 보면서, 어느 정도까지 농담을 해도 되는지 조절했고, 부담스럽지 않은 선에서 스몰토크를 하며 편한 분위기를 만들었다. 점점 더 좋은 후기를 쌓으며 운영에 집중하고 있던 어느 날, 모르는 번호로 한 통의 전화가 걸려 왔다. 신규 사업장이라 그런지 각종 영업 전화나 대출 상담 연락이 많이 오던 때라, 또 그중 하나이겠거니 싶었다.

"여보세요, 저는 OO 언론사 △△△기자입니다."

순간 잘못 들은 줄 알았다. 이름만 들어도 알만한 언론사에서, 시작한 지 몇 개월도 안 된 우리 스튜디오에 왜 연락한 걸까? 그래서 신종 보이스피싱일 수도 있겠다 싶어서, 조금만 듣다가 전화를 끊으려 했다. 그랬더니 '인터뷰하고 싶다'라거나 '기사를 써주겠다'며 혹시 생각 있냐고 계속 물었다. 공짜로 뭘 해주는 일은 없다고 믿는 나는 이 대화의 끝에 분명 '대신 얼마를 내야 한다'라는 식으로 검은 속내를 드러낼 줄 알았다. 그래서 시간 끌 것 없이 단도직입적으로 말했다. "저희가 최근에 돈을 좀 많이 써서 마케팅은 당분간 못할 것 같아요. 죄송합니다" 그러자 기자님이 내 대답의 의도를 파악하셨는지, 인터뷰의 취지를 설명해 주셨다.

소상공인과 강소기업의 잠재력을 주목하는 기획 취재를 준비하는데, 우리 스튜디오 이용자들이 남긴 후기를 보고 '함께 성장'이라는 기획 주제에 딱 맞아떨어진다고 생각했다는 것이었다. 심지어 "편집위원들과 인터뷰 기사가 나갔을 때 기대할 수 있는 파급력에 대해 논의했고, 더안녕 스튜디오는 더욱 세부적인 정보와 신뢰를, 언론을 통해 전달했을 때, 중장기적으로 서로에게 좋은 영향을 줄 수 있다고 보았습니다."라고 말씀해 주셨다.

　상식적으로는 말이 안 되는 소리였다. 이제 문을 연 지 3개월도 안 된 작은 스튜디오에서, 어떤 부분을 보고 편집위원들과 논의했다는 건지, 그중에서도 우리가 뽑혔다는 것도 잘 믿기지 않았다. 어쩌면 차라리 아는 기자가 있어서 우리 기사를 써달라고 부탁했다면 더 설득력 있을 것 같았다.

　'도대체 이게 무슨 일이지...?'

　그리고 한 문장이 머릿속을 스쳤다. '와... 이거 하나님이 하셨네' 여전히 어리둥절했지만, 아내와 인터뷰 날짜를 정하고 다시 연락드리겠다고 전하며 통화를 마쳤다. 전화를 끊자마자 기자님으로부터 문자가 도착했다. 문자에는 이전에 올라갔던 기사를 볼 수 있는 링크와 명함이 포함되어 있었다. 그제야 유명 언론사에서 우리 스튜디오를 취재하러 온다는 게 실감이 났다. 아내에게 언론사에서 인터뷰 요청 연락이 왔었다고 전달했다. 처음에는 나처럼 당황한 채 믿지 않았다가, 자세한 내용을 들은 후에는 엄청나게 신기해하고 설레기도 했다.

인터뷰 일정을 정하고 떨리는 마음으로 기다리다 보니, 어느새 당일이 되었다. 갑자기 담당 기자님이 바뀌었다는 연락을 받고 긴장됐는데, 오히려 20년 넘은 배테랑 팀장님이 오셔서 막힘없이 자연스럽게 인터뷰를 진행할 수 있었다. 인터뷰 중에 집필하고 있는 우리 책 내용을 말씀드렸는데, 크리스천이 아니신데도 스토리가 너무 좋다고 말해주셨다(기자님의 부인과 아이는 교회를 다니고 있다고 했다). 우리 부부의 비전을 듣고 '오랜만에 마음이 참 따뜻해졌다'는 기자님 말씀에 우리의 진심이 또 한 번 통했음을 알 수 있었다.

이 모든 상황이 그저 우연이라고 생각하지 않는다. 하나님께서 이 길이 맞다고 하셨고 우리는 인도하심을 따라 열심히 걸었을 뿐이다. 앞으로는 또 어떤 일들이 우릴 기다리고 있을지 기대된다.

"네 이웃을 내 몸과 같이 사랑하라, 원수마저 사랑하라,
내가 너희를 사랑한 것 같이 너희도 서로 사랑하라!
이게 바로 사업 전략 아니겠어?"

부부의 대화

소정 : 우리가 만든 공간에 방문한 사람들이 좋은 추억을 쌓고 행복한 표정으로 나갈 때마다 내가 더 행복한 것 같아. 꿈꾸던 일이 현실이 된 게, 아직도 믿기지가 않는 거 있지!

희구 : 나는 여행갔을 때 좋은 사장님을 만난 곳은, 그 공간에서의 기억이 더 행복하게 남는 것 같아. 이제는 우리가 사람들에게 그런 사장님이 되어줄 수 있다는 게 정말 재밌는 것 같아. 진짜 신나지 않아?

소정 : 너무 신나! 누군가의 행복한 순간에 함께 할 수 있다는게, 도움을 줄 수 있어서 보람되기도 해!!

희구 : '주님께 하듯 하자'라고 했던 내 말에 공감하고 동참해주는 여보가 있어 정말 기뻐.

소정 : 나도. 말씀대로 살아갈 수 있게 먼저 말해줘서 고마웠어. 스튜디오를 시작하면서, 정말 성숙한 크리스천 어른이 되고 싶던 우리가 이제야 한 발 내딛게 된 것 같아.

희구 : 나는 정말 하나님이 우리는 상상도 못할 방법으로 함께

하고 계신다는 걸 계속 느끼면서, 약간 소름끼칠 때도 있어!

소정 : 이번 기회에 다시 한 번 알게 되는 것 같아. '아 맞아. 우리 하나님! 산도 옮기시는 분이셨지?'하고. 우리 하나님은 이렇게 크신 분인데, 나의 편협했던 생각을 깨려고 이렇게 일하시는 구나 싶더라!

희구 : 나는 여보가 이렇게 하나님에 대해 알아갈 때마다 너무 기뻐. 요즘 안 먹어도 배부르다는 게, 이런 마음이구나! 생각한다니까. 우리 잊지 말자. 하나님께서 어떻게 일하시는 분이신지. 계속 하나님을 신뢰하면서 나아가보자.

부부의 기도

하나님,
우리가 서는 곳곳에서 하나님을 전하며 살고 싶습니다.
하지만 여전히 연약한 우리를 지켜주세요.

세상이 성장을 추구할 때, 우리는 성숙을 추구하며
참된 크리스천 어른이 되고 싶습니다.
예수 안에서 온전한 믿음으로 바로 서게 하시고
말씀 그대로 삶에서 실천하며 살아갈 수 있길 원합니다.

늘 이웃을 내 몸과 같이 사랑하게 하시고,
빛과 소금의 역할을 잘 감당할 수 있게 해주세요.
우리가 있는 삶의 현장이 축복의 통로가 되길 기도합니다.

우리가 하나님의 일하시는 방식을 다 이해할 수 없어도
지금까지 저희에게 경험하게 하신 일들을 신뢰하며
우리 삶을 주께 맡길 수 있는 믿음을 주세요.

언제나 선하신 주님, 늘 감사합니다.
사랑합니다 주님.

8

실력과 신앙, 두 마리 토끼를 모두 잡아야 하니까!

그래도 웃으면서 갈 수 없겠니?

　우리의 연약함에 가려져, 하나님의 은혜는 시간이 지나야만 보인다. 인제야 우리는 하나님께서 우리의 삶을 만지고 계시다는 것을 일상 곳곳에서 느끼고 있다. 부흥회나 수련회 같은 특별한 경험이 아니었다. 평소와 다를 것 없이 걸으며 만나는 모든 곳이 하나님과의 연애 장소가 되었고, 시간을 때울 용도로 보던 SNS는 이제 설교와 찬양, 간증들로 알고리즘을 이루고 있다. 매주 드리던 주일 예배에서도 '아... 하나님은 이런 분이셨지?' 생각하며, 우리가 누리는 하나님의 은혜가 결코 당연한 것이 아니라는 것을 깨닫는다.

　하지만 아무리 감사와 기쁨, 사랑이 넘쳐나도 죄인의 DNA는 절대 숨길 수가 없다는 것을 알게 되었다. 평소였다면 별일 아니라며 넘어갔을 개구쟁이 남편의 장난에, 나도 모르게 진심으로 짜증이 났고, 크게 화를 내버렸다. 지금 그날 일을 떠올려도 어떤 장난을 쳤는지 기억조차 나지 않을 정도로 사소했다. 그런데 당시 화가 많이 났던 것은 아직도 선명하게 기억하고 있다. 오죽하면 남편에게 "우리 앞으로 잘 살 수 있겠지...?"라는 말을 내뱉을 정도였을까. 솔직히 순간적으로 너무 꼴 보기 싫기까지 했다. 예배를 드리러 가면서 나를 시험 들게 만드는 남편이 너무 미웠다. 결국 가득 찬 분노를 털어내지 못하고 예배당까지 끌고 들어가 버렸다.

미워도 사랑해야 한다는 마음으로 노력했지만, 남편과 나 사이에 염치없이 자리한 '분노'라는 놈은, 조용히 잘 앉아있는 남편이 금방이라도 나에게 시비를 걸 것 같은 망상을 펼치게 했다. 하지만... 지금까지 내가 배워온 것이 무엇이던가. 내 힘으로 이 상황을 벗어날 수 없다는 걸 인정하고 바로 하나님께 도움을 요청했다.

'주님... 남편이 너무 꼴도 보기 싫어요... 어떡하죠...? 부디 남편을 사랑할 수 있게 해주세요'

그때까지만 해도 하나님이 그렇게 소름 돋는 대답을 준비하고 계실 줄 몰랐다. '씨 뿌리는 자' 비유의 말씀이 "현재 내 마음 밭의 상황을 점검하라"는 뜻으로 받아들여졌다. 사탄은 별의별 계략을 써서 우리 마음 안에 있는 복음의 씨앗을 가져가려 하고, 그래서 우리가 말씀을 붙잡지 못하게 한다고 말씀해 주셨다. 내 마음 밭에 미움이 쌓이려고 하니까, 하나님이 '마음을 지킬 것인지, 사탄에게 길들 것인지' 잘 선택할 것을 경고하셨다. 고개를 돌려 괜히 찔리는 마음에 슬며시 남편 손을 잡고는 "미안, 나 아까 오빠가 너무 싫어서 하나님께 사랑할 수 있게 해달라고 기도했는데 이렇게 바로 응답하시네"라고 속삭였다.

남편은 뭐가 문제였었냐는 듯 괜찮다며 환하게 웃어줬다. 덕분에 내 마음에 박혀있던 미움의 돌이 확실히 제거될 수 있었다. 여태껏 내 인생에 없던 빠른 응답들이 이제는 매주, 아니 매일 이루어지는 걸 느끼며 살고 있다.

♦

그러던 어느 날, 한 선교사님을 초청한 예배에서 간증하시는 걸 듣게 됐다. 놀랍게도 선교사님의 성향이 나와 너무 비슷하셨다. 파워 J(계획형)로, 미리 머릿속으로 계산해 보고 감당할 수 없을 일은 시도조차 하지 않으신다고 했다. 어느 정도 예상되는 범위 안에서만 계획하고 실행하려고 했던 나와 너무 닮아 있었다. 하지만 이어서 선교사님이 들려주신 이야기는 그답지 않은 무모한 선택들에 대한 것이었다.

들려주신 이야기는 이러했다. 선교지에 50억을 들여 교회를 세워야 하는 상황이었다. 선교사님의 성향상, 평소라면 감당할 수 있는 일이 아니니까 시도조차 하지 않았을 텐데, 이상하게 하나님의 일이라고 생각하니 용기가 났다고 했다. 그래서 우선 계약서에 도장을 찍고 일을 진행하기로 하셨단다. 그런데 막상 일을 저지르고 나니 마음에 큰 부담감이 몰려왔고, 잘못되었을 때 어떻게 해결할 수 있는지 또 계획을 세우고 있는 자신을 발견하게 되었다고 하셨다. 모든 불안과 조급함이 자신의 마음을 집어삼키려는 게 느껴져서 그 마음을 하나님께 올려 드렸는데, 기도하는 중에 하나님께서 이런 마음을 주셨다고 했다.

"얘, 부담스러운 거 알고 있어. 그런데… 좀 웃으면서 가줄 수 없겠니?"

하나님의 물음에, 내가 주관하고 진행하는 것이 아니라, 하나님께서 하시는 일이었음을 깨달았다고 하셨다. 선교사님은 회개하는 마음으로 고백했다고 하셨다.

'하나님께서 제게 부담을 주신 이유가, 고난 가운데 웃으며 나아가는 법을 가르쳐주시기 위함이었군요. 제 그릇이 작아서 하나님의 능력을 자꾸만 제한하려 했음을 회개합니다. 주님이 하실 일에 순종하며, 웃으며 한번 나아가 보겠습니다.'

와... 웃으면서 갈 수 없냐니. 선교사님을 통해 들은 이야기는 어느새 내 이야기가 되었다. 하나님이 나를 향해 천천히 다가와 내 어깨를 두드리며 육성으로 말씀하셨다.

"소정아, 너도 좀 웃어. 내가 같이 가줄게."

이어서 선교사님은 '달란트가 하나님께서 우리 인생에 맡겨준 부담'이라고 하셨다. 주인이 세 명의 종에게 각자의 재능대로 1개, 2개, 5개의 달란트를 나눠주며 이걸로 장사를 하든, 투자하든 알아서 잘 키워보라고 했다. 다섯 달란트, 두 달란트를 받은 두 종은 주인의 명령에 순종했다. 하지만 한 달란트 받은 종은 그마저도 잃을 수도 있다는 두려움에 그냥 땅에 묻어뒀다가 주인이 돌아왔을 때 그대로 돌려드렸다.

주인은 "그럼, 그 돈을 잘 다루는 사람에게 맡겨서 이자라도 만들어냈어야 했다"면서 꾸짖었고, '악하고 게으른 종'이라 하며 돌려받은 한 달란트를 그대로 다섯 달란트 받은 자에게 줘버렸다. 여기까지는 우리가 익히 아는 달란트 이야기다. 주목해야 할 것은 애초에 주인은 달란트를 돌려받을 생각이 없었다는 것이었다. 그저 각각의 재능에 따라, 각자의 자리에서 성실하게 일을 맡아 동행해 줄 공동 통치자가 필요한 것이었다고 설명하셨다.

듣고 보니 크리스천에게 성장하려는 자세는 선택이 아니라 필수였다. 솔직히 그냥 직장에 잘 다니고 예배를 잘 드리다가 천국

가서 행복하게 잘 살면 되는 게 아니었다. 나에게만 주신 달란트를 키워갈 생각은 하지 않고 가만히 묻어둔 채 살아가는 것 자체가 죄였다. 그 게으른 종의 마지막 결론은... 주인에게서 버림을 받는다.

이제야 모든 상황이 퍼즐처럼 맞춰지면서, 직감적으로 알았다. 우리를 이 상황 속으로 데려오신 이유가 부담스러운 상황에서든, 고난의 순간에서든 웃는 연습을 시키기 위함이었다는 것을. 비록 순탄하지 않더라도 '저는 주님이 계셔서 힘내서 걸어보려고 해요!'라는 고백을 듣고 싶으셨던 것 같다. 좋을 때만 웃는 것이 아니라 힘든 상황에서도 주님을 찾고, 그럼에도 감사하는 마음으로 역경을 딛고 성장하길 바라는 하나님의 마음이 느껴져 감사했다.

가까이서 나의 감정 변화를 다 지켜보던 남편은 변화되는 내 모습을 보는 것만으로도 자기에게 부어지는 은혜가 크다고 했다. 영적으로 계속 오르락내리락하는 나를 보고 '아내가 하나님께 온전히 붙들리길', '아내가 이해하기 쉽게, 또 강력하게 말씀해 주시길' 기도했다는 것이다. 그리고 자기가 기도한 대로 눈앞에서 이루시는 것을 보고 감동을 넘어 무섭기까지 하다고 했다.

이쯤 되니 확실히 눈치챌 수 있었다. 잘한다 싶으면 어김없이 나타나 우리의 성장에 훼방을 놓던 무언가가 있음을... 그 중심에는 시작부터 끝까지 나의 '불안'이라는 요소가 등장하고 있다는 걸 발견했다. 책의 모든 내용에서 이 단어를 최대한 빼고 싶었지만, 이게 빠지면 내 정체성에 혼란이 올 정도로 지금 나의 삶에 깊이 자리하고 있었다. 잊을만하면 나타나 눈앞에서 얼쩡거리고, 집중해서 일을 진행하다 보면 내 집중력을 흩트러놨다. 하나님 덕분에 평온하다고 사람들한테 온갖 간증을 하고 다녔건만, 한 주도 채 되지 않아 다시 초기화되어 불안투성이가 됐다.

이런 나의 모습은 사업에만 집중해도 바쁜 남편에게까지 피로감을 주게 돼서, 그냥 지나칠 수 없는 중요한 문제였다. 내가 이 문제를 뚫어내야만 우리 부부가 거침없이 하나님의 사역에 동참할 수 있겠다는 생각을 하니, 어깨가 무거워지는 것 같았다. 뭐가 문제인지, 처음 나의 비전을 정의했던 때를 곱씹어보기로 했다.

비전을 다시 재정의하다

학창 시절 교회 수련회에서 자주 등장했던 주제가 바로 '비전을 가져라' 였다. 하나님께 비전을 알게 해달라고 목이 터져라 기도하고 나면 수련회 마지막 날에는 목이 쉬어 제대로 말할 수 없던 기억이 난다. 일명, '은혜받은 목소리'를 얻으면 괜히 으쓱해졌다. 그때는 그게 마치 수련회에서 은혜 많이 받았다는 표식처럼 여겨졌다.

새 학기마다 적어내는 장래 희망처럼, 내가 열심히 기도하면 하나님께서 내가 어떤 직업을 갖길 원하시는지 또렷하게 말씀해 주실 거라고 생각했다. 엄마는 내가 여성으로서 전문직을 갖고 안정적인 직장생활을 할 수 있길 원하셨다. 중3 겨울방학, 필리핀으로 선교를 다녀온 뒤 '간호사라면 해외에서도 유용하게 쓰임 받을 수 있겠다'고 생각했고, 나의 비전을 향한 모든 이정표가 간호사를 가리키고 있는 듯했다. 그렇게 오로지 간호사가 되기를 꿈꾸며 살아왔다.

남편 또한 사역자라는 비전만을 꿈꿨다고 했다. 교회에서의 삶이 세상 어느 것보다 좋았고, 예배를 통해 받은 은혜를 나누고 사람들의 고민을 들어주면서 함께 변화되기 위해 기도하는 시간이 행복했다고 한다. 실제로 달라지는 사람들을 보는 것이 기뻤고, 성취감까지 느꼈다고 했다. 자연스럽게 사역자라는 꿈을 오래도록 마음에 품고 살고 있었다.

그동안에는 우리가 오롯이 하나의 비전만을 바라보며 달릴 수 있었던 이유가 하나님의 뜻이라고 생각했다. 그런데 어쩌면 우리가 다양한 경험을 하기 위해 더 열심히 탐구해 보지도, 찾아다니지도 않았기 때문이었을 수도 있겠다는 생각이 들었다. 쉽게 말해서 100개의 직업 중에서 내게 맞는 1가지의 직업을 선택한 게 아니라, 내가 대략적 알고 있는 3개의 직업 중 1가지를 선택하는 오류를 범한 것일 수도 있다는 말이다.

믿음이 없었다면 '운이 나빠서, 일이 안 풀려서 내 인생이 이 모양 이 꼴이다'라는 식으로 푸념을 늘어놓았을 수 있다. 하지만 하나님께서 우리의 모든 길을 계획하셨고, 선한 길로 인도하실 것을 믿기에 그동안의 선택이 결코 실패가 아님을 안다. 하지만 우리에게는 각자에게 맡겨진 달란트를 열심히 찾고 성실히 키워내야만 하는 의무가 있다. 그 과정에서 내가 비전이라고 생각했던 것을 놓고 계속해서 '내 길이 맞는지' 기도하고 증명하는 수고와 용기가 필요하다.

나는 그동안 비전이 '하나님께 쓰임 받기 위해 내게 주어진 직업'으로 생각했다. 그런데 막상 간호사로 사회생활을 해보니 내가 상상했던 것과는 아주 달랐다. 나는 의료선교를 가기 위해 간호사가 되려고 한 건데, 하필 입사 1년 만에 코로나가 터졌다. 해외로 나가는 길은 차단되었고, 우주복 같은 보호복 입고 수술방에 들어가야 해서 업무의 강도가 상상을 초월했다. 매번 '이번만 버티면 돼'라는 마음으로 한고비를 넘기면 또 다른 고비가 찾아왔다. 정말 쓰러지기 직전이었지만, 정작 그것보다 나를 더 좌절하게 만든 건 '내가 행복하지 않았다'는 것이다.

'내가 왜 이렇게 힘들게 고생하며 일해야 하나?'라는 마음이 들 때면, 하나님이 나를 훈련하려고 그러시는 거라며 자신의 마음을 굳건히 만들기 위해 애썼다. 하지만 시간이 갈수록 하나님이 주신 마음은 잊혀갔다. '꿈꾸던 비전을 이루면 어려운 곳에 잘 흘려보내야지!'라고 생각하던 나의 포부는 일한 지 얼마 되지 않아 변질되었다.

어느새 나는 '내가 이렇게 고생해서 얻은 돈을, 절대 남에게 빼앗기지 않고 사는 것'을 지키기 위해 일했다. 지금 생각하면, 참 이상한 일이다. 그렇다고 나를 위해 호탕한 소비를 할 위인도 아니면서, 그때의 내가 왜 그랬는지 잘 모르겠다. 그렇게 몇 년을, 형식적인 신앙생활을 이어가면서 살고 있었다. 마치 좀비처럼, 죽지 못해 사는 것 같았다.

그러던 어느 날. SNS를 통해 멘토링 연구소의 '비전스쿨'이라는 곳을 알게 되었다. 특히 내 눈길을 끈 연구소의 슬로건, '실력과 신앙을 겸비한 크리스천을 양성한다'는 문장은 죽어가는 나의 심장을 뛰게 했다. 우리가 딱 그렇게 살고 싶었다. 하지만 마음처럼 그렇게 쉽지 않다는 걸 뼈저리게 깨닫고 있었다. 같은 고민을 하던 남편과 상의 끝에 비전스쿨 교육과정에 참여하게 됐다. 3년 넘게 우리 스스로 비전을 찾고, 그것을 이루기 위해 필요한 힘을 길렀다. 또 사업을 하는 지금까지, 실력과 신앙을 겸비할 수 있도록 많은 인사이트와 든든한 동역자들을 얻을 수 있었다.

비전스쿨을 통해 배운 것 중에서 가장 기억에 남는 것은 '일은 비전을 위한 수단'이라는 것이었다. 일반적으로 사람들은 '목표'라는 점을 찍어도, 그 목표에 도달하지 못하면 쉽게 포기하고 다른 길을 알아보고 또 좌절하기를 반복한다. 하지만 3년이 넘는 시간 동안 비전이 단순히 직업에서 멈추는 게 아니라, 방향성이라는 것을 배웠다. 그러니 나다운 비전을 찾는 과정에서 시행착오가 있어도 그건 실패가 아니라는 걸 기억하게 됐다. 아무리 낙심하고 포기하게 되고, 또 좌절의 시기가 오더라도 비전이 명확하면 방향을 잃지 않게 된다.

이제는 나에 대한 이해를 기반으로 내가 좋아하는 것과 나의 강점이 무엇인지 찾고 확장하며, 직업 너머의 비전을 꿈꾸게 된다. 사람들의 안녕과 자존감을 회복하도록 돕는 삶을 사는 것, 그것이 우리 부부의 비전이다.

비전에는 힘이 있다

'왜 교회에서만 살았을까?', '왜 정말 필요한 자격증을 취득하거나, 공부하려고 하지 않았을까?'와 같이 후회되거나 아쉬움이 남을 때도 있다. 하지만 지금껏 내가 경험한 모든 일이 결국 하나도 버려지지 않고 잘 쓰이고 있다. 교회 사역을 통해 좋은 사람들을 만났고, 교회 밖의 호랑이 굴로 들어가서는 관점을 전환하는 경험을 할 수 있었다. 다시는 겪고 싶지 않을 만큼 고통스러웠던 경험까지 하나님은 우리의 다음을 위한 밑거름으로 이미 잘 사용하고 계심을 믿게 하셨다.

요즘은 불확실한 미래에 대한 두려움을 이겨내고 직접 부딪쳐보면서 수많은 점을 찍어나가고 있다. 통장 잔고가 0원이 되고, 그걸 메우기 위해 새벽 아르바이트를 하며 투잡을 뛰면서도 웃을 수 있는 건, 이 또한 지나간다는 것을 믿기 때문이다. 비전의 다음 단계로 가는 문이 열릴 때까지 지금 해야 할 일을 성실하게 해내는 것뿐이다. 그러니 사람들이 여행을 떠날 때 스튜디오를 지키고 있어도 괜찮다. 소득이 적을지언정, 하나님이 주신 달란트를 땅에 묻어두는 실수는 절대 반복하지 않는 게 지혜로운 선택일 테니까.

아내와 비전스쿨을 통해 비전에 대해 재정의하는 시간을 가졌다. 비전은 우리가 생각하는 직장이나 장래 희망이 아니었다. 하나님이 우리가 나아갈 방향을 예비해 두시면, 그 비전에 우리가 기꺼이 동참하길 원하시는 마음이라는 것을 알게 되었다. 각자의 쓰임을 생각하며 달란트를 온전히 맡기신 것이다.

우리의 비전을 향해 기도하며 나아가다 보니, 말도 안되는 일들이 눈 앞에 벌어지고 있다. 사실, 이렇게 책을 쓰고 있다는 것부터 말이 안 되는 일이다. 독서의 중요성을 깨닫고 틈틈이 읽고 적용하기 시작한 지도 얼마 되지 않았을뿐더러, 책을 쓰게 될 거라고는 상상해 본 적도 없었기 때문이다. 그리고 비슷한 시기에 언론사로부터 인터뷰 제안을 받게 된, 이 이상한 상황이 아직도 믿어지지 않는다. 그래도 조금 재미있어졌다. 하나님이 우리 부부 앞에 예비해 두신 일이 어떨지, 조금 더 궁금해졌다.

우리의 비전이 아닌 하나님의 비전에 동참하는 거로 생각하며 움직인 후부터, 숨겨둔 약점을 확인할 수 있었고 하나님이 지금

이곳에 실재하고 계시다는 것을 알게 됐다. 더불어 말씀을 삶에 적용한다는 게 무엇인지, 사업을 시도하면서 무에서 유를 창조하는 법을 배웠고, 그 과정에서 많은 변수와 배신감, 그리고 우울감의 끝을 경험했다. 하나님은 우리의 생생한 성장 이야기를 다양한 통로로 전달하기를 원하신다는 것을 느꼈다.

그냥 안정적으로 직장생활을 했다면, 지금 우리의 이런 스토리는 없었을 것이다. 그렇다면 지금 우리 부부의 모든 상황은 안정권에 들어왔을까? 아쉽지만, 여전히 우리는 불안정한 재정을 해결하기 위해 고군분투 중이다.

세상에서 도태되는 걸 두려워하지 않는다. 지금 좀 가난하면 어떤가? 지금 좀 덜 자면 어떻고, 지금 좀 쉬지 못하면 어떠한가? 하나님의 도구로 사용되기 위해 거쳐야 할 '광야의 시간'인 걸. 그래서 우리 부부는 정체되어 있지 않기로 함께 다짐했다. 그리고 눈앞의 가난과 게으름, 불안함에 맞서 꾸역꾸역 말씀을 따라 걸어가 보고 있다. 하나님이 우리와 함께 하기 위해 예배해 두신 사역들을 동역하고 싶기 때문이다.

우리의 변화와 성장을 통해 비전은 힘이 있다는 걸 증명하고 있다. 학교에 다니든, 직장에 다니든, 사업을 하든 하나님이 원하시는 비전을 품고 살아간다면 모든 과정이 이전과 전혀 다른 세상이 될 것임을 이제는 말할 수 있다. 돈과 명예, 권력 같은 유한한 목표도 무시할 수 없지만, 가장 중요한 것은 하나님께 여쭤보면서 찾은 비전을 마음에 새기고 무한한 목표를 위해 한 발짝씩 내딛는 삶이다. 그 모습을 본 하나님께서 "착하고 충성된 종아"라고 하시면 얼마나 좋을까? 비전을 품고, 과정과 결과를 하나님께 맡기며 그 길을 함께 가는 동역자들이 늘어나길 바란다.

Between 0 and 6 (영과 육의 밸런스)

몸으로 세상과 부딪치며 깨달은 것이 있다. 실력 있는 크리스천이 되기 위해서는 기본적으로 자기 계발을 해야 한다는 것이다. 여러 방면에서 나에게 많은 인사이트를 주는 멘토가 있는데, 어느 날 그분이 이런 말씀을 하셨다.

멘토 : 나는 인문학을 깊이 공부하면서 신앙이 더 좋아졌어.
나 : ...?

신앙은 기도하고 말씀을 공부하고, 신앙 서적을 보면서 성장해야 옳다. 그러면 더 깊은 신학적 답답함까지 해소할 수 있으니까. 여태 그렇게 배워왔고, 훌륭한 목사님들의 설교에서도 '인간의 방법으로는 해결할 수 없으니, 하나님께 구해야 한다'는 결론으로 이어졌는데 인문학을 공부하면 신앙이 좋아진다니... 이게 무슨 소리인가 했다. 혼자 온갖 생각에 잠겨있는데 갑자기 말씀 한 구절이 떠올랐다.

> † 가이사의 것은 가이사에게, 하나님의 것은 하나님께
> – 마태복음 22장 21절

율법을 지키는 게 곧 신앙이었던 바리새인들이 예수님을 모함하기 위해 질문을 던졌다. 만약 예수님이 세금을 하나님께만 내야 한다고 하셨다면, 이 세상의 법을 어겼다며 로마법의 심판을 받아야 했을 거다. 반대로 세금을 가이사에게만 내야 한다고 하셨다면 예수님은 하나님 나라의 법을 어겼다며 이단으로 몰렸을 것이다. 바리새인들은 예수님을 함정에 빠트릴 생각에 얼마나 좋아했을까? 하지만 예수님은 영의 세계와 육의 세계를 모두 챙겨야 한다고 말씀하셨다. 이 말씀을 다시 묵상하게 되면서 새삼 깨달아졌다. '아, 영과 육은 따로 나누는 게 아니라, 두 가지가 병행될 때 비로소 하나님과의 동행이 이루어지는구나.' 보통 이런 내용은 '돈'에 관한 설교 본문으로 자주 등장하는데, 왜 나에게 이런 가르침으로 다가왔을까?

인문학은 인간의 사상과 문화와 등을 중심으로 연구하는 학문이다. 나의 멘토는 인문학에 담겨있는 인간의 어리석음을, 지금도 반복하고 있는 모습을 보면서 하나님이 우리를 위해 얼마나 오래 참고 있는 줄 알게 되었다고 하셨다. 이는 내가 아직 전도사 사역

을 하고 있을 때 들었던 말이다. 생각해 보니, 성경은 전부 인간을 창조하신 하나님의 이야기로 시작하고, 끝날 때까지 인간을 위한 하나님의 사랑 이야기로 가득 차 있다. 하나님이 어떤 분이신지 알기 위해 인간에 대한 이해가 필요했다는 걸 깨닫고 나서부터 학생들과 청년, 성도님들로부터 이런 이야기를 들으면 너무 속상했다.

"전도사님, 제 신앙이 너무 부족해서 게으른가 봐요"
"제 신앙이 너무 연약해서 계속 무기력해지나 봐요"
"제 믿음이 부족해서 삶이 안 풀리나 봐요"

물론, 신앙의 문제가 맞을 수 있다. 이제는 나도 교회 밖에서 조금이나마 탈탈 털리며 경험해 봤기 때문에, 충분히 공감해 줄 수 있다. 위로하고 다독이면서 기도해 주겠다는 말과 함께 그들의 눈물을 진심으로 닦아줄 수 있다. 그런데 이렇게도 물어보고 싶다.

"게으름과 무기력을 해결하려고 얼마나 많이 노력했나요?"
"직장에서의 삶이 힘들어서 열심히 기도한다고 하셨는데, 분야의 고수들을 찾아 강의를 듣거나 커뮤니티를 찾아가는 등 실제적인 방법으로 해결해 보려고 발버둥 쳐본 적 있나요?"

♦

　언젠가 한 청년이 상담을 요청해 왔다. 자신의 게으름이 신앙의 부족에서 온 것 같다고 생각하니 죄책감이 심하다고 했다. 심지어 지금 만나고 있는 사람과의 결혼까지도 심각하게 고민하게 된다고 했다. 집안끼리의 가치관 차이도 매우 큰 걸림돌인 듯했다.

　이제는 삶으로 들어와 버린 말씀으로 인해 나는 청년을 위로하며 기도하겠다는 말과 함께 "이겨내게 하실 하나님께 기도하고, 운동도 꾸준히 해보세요"라는 말을 덧붙였다. 그리고 청년에게도 '가이사의 것은 가이사에게, 하나님의 것은 하나님께' 말씀을 나누며, 운동은 육체를 활성화해 긍정적 호르몬이 나오게 하므로 때문에 권한다고 했다.

　청년은 처음에 내가 그랬던 것처럼 '생각지 못한 대답'이라며 의아해했지만, 돌아가서 그대로 실천했다고 했다. 덕분에 지금은 문제가 잘 해결됐을 뿐 아니라, 결혼해서 아이도 낳고 잘살고 있다며 조만간 스튜디오에 놀러 오겠다고 했다. 나와의 대화를 전해들은 청년의 배우자도 "그때 전도사님 덕분에 헤어지지 않고 결혼할 수 있었다"며 고마워한다고 전해 들었다. 생각보다 간단한 육의 방법이 우리의 영적 건강에도 도움을 줄 수 있다는 사실을, 나 말고 다른 이를 통해서도 검증한 일이었다.

　인간이 우선되고 인간의 방법이 중요하다는 인본주의적 사고방식을 말하려는 게 아니다. 하나님의 형상대로 각 사람을 지으셨고 각자에게 다른 성격과 성향을 보이게 하셨다면, 그에 따른 해결 방법 또한 각자에게 맞게 적용되어야 한다는 것이다.

몸이 병들어 있는데 식사도 거르고 치료받지 않으면서 성경만 읽는 것은 좋은 해결책이 되지 않는다. 어떤 경우는 걸어야 해결되고, 또 어떤 경우는 격한 운동을 해야 해결되기도 하며 말씀을 읽어야 해결이 되는 문제도 있다. 하나님은 내가 가진 가장 최고의 예배를 받고 싶어 하신다. '나'에 대해 내가 모르면 최고를 드릴 수 없을지도 모르기 때문에, 하나님을 알고 싶다고 말하는 만큼 나에 대해서도 알려달라고 구해야 한다. 나보다 나를 잘 아시는 주님이니까.

크리스천이 갖춰야 하는 삶의 자세

이전에 나는 '믿음으로 모든 것을 이길 수 있다'고만 생각했다면, 사회생활을 하고 나서 복음을 전하기 전에 갖출 것이 있다는 걸 알게 됐다. 우선, 사람의 마음을 녹일 줄 아는 지혜가 필요하다는 것이었다. 사회생활을 처음 시작했던 애플 공식 서비스 센터에는 기독교인이 단 한 명도 없었다. '하나님이 처음부터 아주 빡센 호랑이 굴로 보내시는구나!' 싶었다. 한 번은, 고객이 제품에 문제가 있어서 여러 센터를 방문했지만, 매번 "테스트해 보니 이상이 없습니다"라는 말만 들었다고 했다. 그런데 제품에서 보이는 증상은 나아지지 않았단다. 이번이 마지막이라고 생각하고 우리 센터를 방문하셨다며 울먹이며 말씀하셨다. 나 같아도 답답하고 막막할 것 같았다. 그래서 고객에게 동의를 구해서 직접 하루 종일 제품을 사용해 봤는데 실제로 오류가 발견된 것이다. 다행히 무상으로 제품을 교체해 드릴 수 있었고, 정말 고마워하던 그분의 얼굴이 지금도 잊히지 않는다. 그런데 내가 한 일을 알게 된 회사의 반응은 기대와 달랐다.

"미친 거 아니야? 고객이 맡긴 제품을 센터 밖으로 들고 나갔다고?"

만약 문제가 생겼으면 어쩔 뻔했냐며 한참 동안 욕을 먹었다. 나는 상황을 설명했다. 고객과 충분히 소통해서 나중에 오해가 생기지 않도록 증거 사진도 잘 남겨뒀고, 고객의 동의를 받고 진행한 거라고, 문제가 생겨도 책임질 각오로 노력했다고. 내 진심을 전하고 싶었다. 하지만 돌아오는 것은 욕뿐이었다. 그 후로 다들 나를 대하는 태도가 점점 차가워졌다. 업무 관련해서 다들 모를 만한걸, 굳이 나에게만 질문해서 자존심을 무너뜨리거나 대놓고 무시하기도 했다.

누구보다 사역을 진심으로 대한다고 자부하던 나였다. 그동안 훈련했던 대로 말씀에 근거해서 살려고 노력하면, 분명 사자 무리에 들어가도 살아 돌아온 다니엘과 풀무 불에 들어가서도 멀쩡히 살아 돌아온 친구들처럼 잘 살아남게 될 줄 알았다. 그런데 말씀을 삶에 녹여서 살아내는 것부터 쉽지 않았다. 세상에서 크리스천으로 살아가기 위해 손해봐야 할 게 너무 많았다. '왼손이 하는 일을 오른손이 모르게 하라'는 예수님의 말씀 따라, 보이지 않는 곳까지 쓰레기를 치운다거나 화장실의 막힌 변기를 뚫는다거나, 난잡하게 널브러져 있는 수리 물품들을 가지런히 정돈해 두는 등… 잡다한 일들을 마다하지 않고 했지만, 지나고 보니 나는 그냥 느리고 일 못하는 착한 바보가 되어 있었다.

교회에서는 이런 모습을 '보이지 않는 곳에서의 섬김'이라고 표현했다면, 교회 밖에서는 '일머리 없고 무능력한 것'이라고 표현했다. 나의 지난날을 돌아보며, '이게 정말 하나님이 원하시는 크리스천의 모습일까?' 생각해 봤다. 오히려 교회 밖에서 섬김의 모습은 옵션이었다. 하면 센스고, 안 해도 딱히 문제 될 것 없는 선택사항 말이다. 이것을 깨닫고부터는 할 때 하더라도, 때를 잘 맞춰야겠다고 생각했다. 일부러 실장님이 올 때를 기다렸다가 쓰레기를 줍고, 굳이 사람들이 많을 때 "이런 문제가 있었는데 이렇게 잘 처리했습니다"라며 나의 공을 어필했다. 타이밍을 잘 맞췄을 뿐인데, 그제야 내게 일을 잘한다는 말을 하기 시작했다.

회사는 수익 창출을 위해 나를 고용했고, 고로 회사가 원하는 건 '고객 만족도와 신속 정확한 수리 실력'을 갖춘 인재였다. 내가 해왔던 부수적인 업무도 능률에 크게 기여하는 행동이었다. 하지만 내가 얼마나 빠르게 많은 고객을 상담하고 수리했는지에 관한 기록이 더 중요하다는 것을 깨달았다. 회사 입장에서는 더 중요한 게 있는데, 계속 덜 중요한 것만 하려고 하는 내가 얼마나 눈에 거슬렸을까?

이후로 업무 속도와 일 처리 능력을 높였고, 그 누구도 내게 더 이상 업무 관련해서 뭐라고 하지 않았다. 그리고 이런 노력이 빛을 발하기라도 하듯 '고객 상담 횟수 1위', '고객 만족 평가 1위'를 달성했다. 단 한 번의 실수 없이 수리를 해냈고, 손재주가 있다며 수리 실장님만의 고급 기술을 내게만 전수해 주시기도 했다. 퇴사하던 날, 실장님은 "이제 희구 없어서 어쩌냐... 얘가 다 먹여 살렸는데. 너네 다 X 됐다!"라고 농담을 던지기도 했다. 초반에 매일 나를 욕하던 사람한테 인정받는 날이 오다니...

점점 교회 밖에서 사람들과 잘 지낼 방법과 어떻게 전도하면 될지 감을 잡아갔다. 실력과 신앙을 잘 갖추고 나의 능구렁이 같은 성격까지 더해진다면 누구에게나 부담스럽지 않게 전도할 수 있겠다는 자신감마저 생겼다. 그리고 "여러분, 교회 다닙시다~"라는 나의 말에 그제야 진지하게 예수님 이야기를 귀 기울여 듣기 시작했다. 이것 참...

교회의 가르침이 틀렸다는 게 아니다. 세상에서 순수한 진심을 알아주기까지 인간의 몸으로는 너무 오래 버텨야 한다는 것이다. 그 인내의 시간 동안 정작 우리가 와르르 무너지게 되는 게 문제다. 하나님을 높여드려야 마땅한 예배 시간에 자기의 힘든 마음만 털어놓고, 위로만 얻으려는 기간이 길어지게 될 것이다. 직장 생활을 시작하고 나서, 딱 내가 그랬다. 나아가 아무 이유 없이 나를 싫어하는 상사가 있더라도, 나의 어떠한 부분 때문에 싫어하는지를 파악하기 위한 노력과 대처 훈련이 필요하다. 책이라도 보고, 강의를 듣기라도 해야 한다. 하나님께 올려드려야 할 기도와 인간에게 필요한 노력이 같이 병행되어야 한다는 것을 한 번 더 되새겨본다.

우리는 믿지 않는 사람들과 하나님을 연결하는 축복의 통로가 되어야 한다. 그 때문에 실력과 신앙의 균형을 잘 맞춰 살아가야 할 의무가 있다. 그러니 말씀을 삶에서 잘 적용할 수 있도록 지혜를 달라고 구하는 것도 우리에게 꼭 필요한 자세다. '지혜롭게'라는 표현이 거창한 게 아니다. 이렇게 생각하면 편하다.

'인간은 하나님이 아니다. 하나님은 우리의 중심을 보시기에, 보이지 않는 곳에서 조용하게 일해도 우리가 수고하고 있음을 알고 칭찬하신다. 하지만 인간은 직접 눈으로 보고 들어야만 믿는다. 그러니 주께 하듯 최선을 다해 섬기되, 했다는 증거는 남기자'

하나님께서 보내주신 동역자이자, 사랑하는 아내에게도 지혜롭게 적용해 봤다. 안 그래도 손이 빠른 아내보다 더 빠르게 집안 일을 하기 위해 미리 청소를 다 해두고 설거지도 해놓고, 빨래까지 마쳤다. 자, 이제 가장 중요한 한마디를 덧붙여야 한다.

"여보, 나 잘했지…?"

♦

이 글을 보게 될 독자가 어떤 일을 하는지 알 수 없지만, 크리스천이라면 현재 하는 일을 더 열심히, 당연히 잘해야 한다. 혹시, 지금은 잘하지 못하더라도 '일의 성장'을 위한 노력을 해야 한다. 동시에 '신앙의 성장'도 이루어야 하고 말이다. 실력만 갖춰도 안 되고 영성만 갖춰도 안 된다. 크리스천은 참 바쁘다, 바빠!

그런데 사회에 나와 여러 사람을 만나 보니, 믿지 않는 사람들이 우리보다 더 열심히 살고 있다는 걸 발견하게 됐다. 아이러니하게도 이것을 확실히 느낀 것은, 교회가 아니라 집 근처 도서관에서, 사람들의 삶을 들으면서, 책과 영상에 등장한 사람들의 이야기에서였다.

'어려운 환경과 상황을 뚫고 어떻게 저렇게 열심히 살 수 있지?'

크리스천이 아닌 사람들을 그렇게 열심히 살아갈 수 있게 한 원동력은 명확했다. 주로 금전적으로 부끄러운 부모가 되고 싶지 않거나 가족과 행복하게 살기 위해, 혹은 빚을 갚아야 하거나 부자가 되고 싶어서, 또 쉬지 않고 일하면서 느끼는 만족감 등 각자의 이유가 있겠지만 궁극적으로는 '나의 행복'이었다. 나는 '믿지 않는 사람들도 이렇게 열심히 사는데... 그들을 보며 깨달으라고 하나님이 나에게 붙여주셨나 보다'라는 생각이 들자, 정신이 번쩍 들어 회개했다.

여러 사람을 만나보고 느낀 건, 많은 크리스천이 '하나님의 영광을 위해 열심히 산다'고 말하지만, 돈과 명예, 인간적인 행복과 욕심을 추구하며 사는 비기독교인보다 치열하지 않다는 것이었다. 신앙과 실력 사이에 애매하게 걸쳐 있거나, 그러다가 지쳐서 한쪽으로 치우쳐 살기도 하고, 아예 떨어져 나가거나 꾸역꾸역 울며 버티는 사람이 많았다.

시간 관리도, 체력 관리도 안 되고 매일 앓는 소리만 하는 삶을 반복하면서 빛과 소금의 역할을 할 수는 없다. 그래서는 자신에게만 주어진 달란트를 발견하고 그 달란트로 복음을 전하며 살아갈 수 없다. 그래서 감히 말할 수 있다. 자기 계발 하지 않는 크리스천은 반쪽짜리 크리스천이라고.

우리 부부 역시 자기 계발을 해놓지 않아서 고군분투하던 때가 있었다. 지금도 상황이 불안정해지거나 너무 피곤하면 꾸준히 해내지 못할 때가 있다. 하지만 기도하면서, 또 열심히 살아가는 사람들을 보면서 금방 돌이켜 정신을 차리게 된다. 심지어 아내는 갑상샘 암을 치료하면서 쉽게 피로감을 느끼는 게 당연하지만, 수면 시간을 규칙적으로 지키고 꾸준하게 운동하고 건강한 식습관을 갖추면서 오히려 수술 전보다 더 건강한 하루하루를 살아가고 있다. 좋은 습관이 삶의 기초가 되니, 나아가는 열심을 받쳐줄 수 있는 힘이 되었다.

우리가 익히 아는 사도 바울을 떠올려 보자. 그가 처음부터 글을 잘 썼을까? 당시에는 믿음이 없어도 자신의 성공을 위해 끊임없이 공부하고 열심히 살아왔을 것이다. 그 사이 글쓰기에 좋은 습관들이 길러졌을 것이다. 또 믿음의 눈으로 보면, 하나님이 필요한 때에 사용하시려고 그가 엘리트 코스를 밟게 하셨고, 훈련하게 하셨던 것이다. 그가 살아온 과정은 신약의 많은 내용에 우리가 이해할 수 있게, 참 쉽고 가슴을 울리는 표현들로 녹아들어 있다.

누군가에겐 사도 바울처럼 글을 쓰는 훈련이, 누군가는 말하기 훈련을, 누군가는 꾸준히 운동하는 자신만의 루틴을 만들어 시간을 알차게 활용한다. 자기 계발은 신앙이 있고 없고를 떠나서 그냥 '기본'이 되어야 한다. 그리고 크리스천은 자기 계발이라는 영역 안에 하나님과의 일대일 기도 시간, 성경 공부 등이 포함 되어 있어야 한다.

이렇게 기본이 준비되어 있지 않으면 회사나 교회 생활에 반드시 영향을 미친다. 시간 관리를 할 줄 알아야 회사에서 내 업무를 얼른 마치고 누군가를 도와줄 수 있고, 교회에서도 봉사 시간을 확보할 수 있다. 크리스천은 자신의 이익을 위해 사는 삶보다 훨씬 더 값진 것을 바라보고 살아야 하는 존재다. 정말 힘들지만 그 길을 걸어야만 주시는 진짜 평안을 경험할 수 있기에, 모두 그 평안을 꼭 경험해 봤으면 좋겠다.

돕는 배필로 붙여놓으신 이유

† 여호와 하나님이 이르시되 사람이 혼자 사는 것이 좋지 아니하니 내가 그를 위하여 돕는 배필을 지으리라 하시니라

– 창세기 2장 18절

교회에 서로 비슷한 시기에 결혼한 신혼부부 순이 있다. 부부로서 겪는 어려움이나 기쁜 모든 순간을 하나님 안에서 공유하며 중보자가 되어주는 너무 귀한 사람들이다. 부부들을 보고 있으면 각자 저마다의 특징을 갖고 있는 것을 알 수 있다. 한 가지 공통된 특징이 있다면 서로가 너무 달라서 티격태격하다가도, 서로의 다름을 통해 부족했던 자기 모습을 돌아보고 보완해 나간다는 것이다.

"하나님께서 아담이 혼자 있는 모습이 좋지 않아 새로운 사람을 붙여 주셨는데, 그게 바로 여자였다. 어떤 동물이나 남자를 하나 더 늘리는게 아니라 여자를 만듦으로써 새로운 연합을 만들어내셨다. 그렇게 "돕는 배필"이라는 말은 여자에게는 남자가 가지고 있지 않은 보완하고 보충하는 능력이 있다는 뜻이고 그 반대도 동일하다는 말이다. 남자는 남자대로, 여자는 여자대로 상대방이 복제할 수 없는 능력과 독특한 아름다움을 갖고 있으며, 그렇게 우리는 서로를 필요로 하는 존재라는 뜻이다.[1]"

서로 너무 다른 모습에 답답해져서 싸우다가도 이런 말씀을 읽고 나면 서로의 다름이 필요했다는 사실을 알게 되어 감사함이 찾아온다. 서로를 보완하는 동반자로, 그리고 이런 다양한 차이를 극복하고 이뤄진 연합체라는 사실을 깨닫게 되면 부부라는 관계가 다시 소중해진다.

하나님은 관계가 틀어지려는 순간에도 말씀을 통해 다시 한번 생각해 보고 신중히 결정해야 함을 깨닫게 하신다. 우리를 속이는 세상에 초점을 두지 않고 말씀에 집중해야 하는 까닭도 여기에 있다. 가정이 항상 행복하면 좋겠지만, 위기가 올 수 있다. 그때 말씀을 기준으로 삼지 않고 '요즘 사람들이 흔히들 그러니까'라는 방식으로 TV 프로그램과 SNS 등에 떠돌아다니는 결혼과 육아 등의 단편적 모습들만 보고 '나를 불행하게 만드는 것'으로 단정 짓게 된다. 그때마다 말씀으로 시야를 돌려야 한다. 인간의

---

1. **인용** : 팀 켈러, 『팀 켈러, 결혼의 의미』, 두란노서원

감정과 이성을 초월한 사랑이 이 안에 담겨 있다. 돕는 배필을 붙여 주신 것은 기울어진 시소처럼 실력과 신앙 중 하나에 더 집중하려고 할 때, 중심을 잡아주기 위함이 아닐까 싶다.

누군가는 성장하고 싶은데 누군가는 그럴 마음이 없다면…나중에는 서로의 가치관에 점점 격차가 생겨 반드시 충돌이 일어날 것이다. 그래서 부부가 함께 성장하려는 것이 중요하다. 개인이 하나님과 독대하는 기도 시간은 물론 스스로 말씀에 대한 갈망을 놓쳐셔도 안 되고, 지속적인 자기 계발을 통해 주어진 달란트를 그저 땅속에 묻어두어서도 안 된다. 그런 과정을 거치고 나서야 우리 부부는 비로소 자연스럽게 함께 갈 수 있었다.

물론, 열심히 달리다가 한 명이 지쳐 쓰러질 때도 있다. 그래도 감사한 것은 내 옆에 있기에 한 명의 속도가 떨어지면 다른 한 명이 앞에서 잡아주기도 하고, 뒤에서 밀어주기도 한다. 정말 간혹 둘 다 지쳐 속력이 나지 않을 때도, 같이 책을 읽는다거나 가정 기도회 때 현재의 상태를 나누며 서로를 위로해 주고 힘내보자며 포옹한다. 아무리 마음에 들지 않고 미운 순간에도 그냥 함께 있는 것만으로 힘이 되어주는 존재. 그게 바로 돕는 배필이다.

♦

  오랜만에 만난 친구들은 우리의 근황을 들을 때마다 놀라는 반응이다. 교회 사역을 내려놓고 직장에 잘 다니는 줄 알았는데, 어느새 다른 직장으로 옮기더니, 갑자기 스튜디오 사장님이 된다고 하고, 이제는 작가가 되어 글을 쓰고 있다니. 앞으로 또 어떤 변화가 생길지 궁금할 지경이라고 말한다.

  사실 우리도 앞으로의 행보가 어떻게 이어지게 될지 전혀 모르겠다. 그저 하나님께 시선을 둔 채 그분의 비전 안에서 하루하루 열심히 살아가는 것이 우리가 할 일이라고 생각한다. 그럼에도 우리는 여전히 하나가 되어 목표를 뾰족하게 하는 기도를 올려드리고 있다. 최근 들어서는 각자의 비전을 나누고 새로운 도전을 위한 준비를 하고 있다.

  아내는 평생 건강하게 살아갈 줄 알았다가 암 치료를 하게 되면서 삶을 바라보는 시선이 많이 바뀌었다. 마음의 병이 몸을 지배할 수 있다는 것을 경험하기도 했고, 그것이 얼마나 일상을 바꿀 수 있는지도 깨달았다고 했다. 그래서 아픔을 겪어낸 사람들에게, 그리고 지금 그 과정을 겪고 있는 사람들의 마음과 자존감 회복을 돕는 일을 하고 싶다는 마음을 품고 있다. 특히 많은 사람 앞에서 이야기 할 때, 모든 청중이 강연에 몰입해서 반응하고 함께 소통하면서 좋았던 기억을 살려보고자 한다고 했다. 청중의 눈빛을 떠올리면 도파민이 분출된다는 아내는 언젠가 대중 앞에서 하나님의 스피커로 쓰임 받을 날을 기대하고 있다.

나도 궁극적으로 '나만의 달란트로 사람들을 마음껏 도우며 사는 것'이라는 비전은 아내와 동일하다. 지금 스튜디오를 운영하는 것도 그 비전으로 가는 여정에 있는 것이다. 나는 사진 관련 분야에서 전문가가 되기 위해 계속해서 공부를 하고 있다. 스튜디오를 운영하면서는 사업가로서의 역량도 키워갈 생각이다. 이곳을 활성화하는 것에 중점을 두고, 촬영뿐 아니라 하나님이 주시는 아이디어로 이곳에서 해볼 수 있는 모든 걸 해보려 한다.

그리고 사람들의 인식 속에 '더안녕 스튜디오는 재미있는 걸 많이 하네? 주인장이 뭐 하는 사람일까?'라는 생각을 각인시키고 싶다. 그렇게 모인 사람들에게 나의 비전을 나누고, 함께 할 사람들을 모아 또 다른 재미있는 기획을 하면서 다음 사업과 투자의 방향을 잡아갈 생각이다. 그 안에서 자연스럽게 복음을 전할 걸 생각하면 가슴이 두근거린다.

우리가 하나님 안에서 중심을 잃지 않고 계속 걸어간다면, 어제보다 나아지는 오늘을, 또 오늘보다 더 성장할 내일이 될 것이라고 믿는다. 이 과정을 통해 우리 소꾸부부의 이야기를 쌓아가실 하나님을 기대하며 오늘도 하나님께 여쭤본다.

"하나님, 저희 잘 가고 있는 거 맞나요?"

◆ ──

우리는 믿지 않는 사람들과
하나님을 서로 연결하는
축복의 통로가 되어야 한다.

우리에게는 실력과 신앙의 균형을
잘 맞춰 살아야 할 의무가 있다.

부부의 대화

소정 : 나는 요즘 그런 생각이 들어. 우리가 너무 교회 안에서만 온실 안 화초처럼 자라 온 것 같아. 심지어는 영향력을 끼칠 힘도 없고, 너무 부족한 부분만 눈에 보여서 실력을 키워야겠다고 생각했잖아. 그것도 3년이나.

희구 : 맞아. 지금은 실력을 키우는데 집중해야 한다고 생각해서 사역이나 봉사 요청을 모두 거절했는데... 봉사가 너무 하고 싶다ㅠㅠ 일부러 최대한 예배 외에 다른 것에는 거리를 뒀는데...

소정 : 그치. 나는 우리가 세상에서의 실력을 열심히 키워서 적절한 시기에 다시 교회 일을 시작하면 되겠다고 생각했어. 그런데 지금 이렇게 우리를 이끄시는 하나님을 보니까, 역시... 우리가 정하는 게 아니더라고.

희구 : 여보도 그렇게 생각했어? 나도 딱 그랬는데! 다른 게 교만이 아니더라고. 이제 와서 하는 말이지만, 나도 특별한 기술과 돈 없이 세상에서 살아남으려니까 마음이 조급해졌던 것 같아. 내 완악한 속내가 들통난 걸 깨달았을 때 얼마나 부끄럽던지... 꺼이꺼이 울면서 시원하게 회개하고 나니까, 이제야 신앙과 실력의 균형을 맞춰가는 삶에 대해 좀 알 것 같아.

소정 : 하나님은 결국 밸런스 게임을 잘하는 사람에게 일을 맡기시겠다는 생각이 드는 거 있지?

희구 : 맞아. 결국 우리의 열심만 있어서도 안 되고, 그렇다고 신앙만 있어서도 안 되는 것 같아. 균형을 맞추기 위해서는 무엇과도 바꿀 수 없이 내게만 맡겨진 달란트로 비전에 동참해야 하는 것 같아.

소정 : 내 약점을 여보가 보완해 주고, 여보의 약점을 내가 보완해 줄 수 있으니까. 각자의 밸런스도 잘 맞춰보고, 서로의 밸런스도 잘 맞춰보자!!! 우리에게 맡겨진 임무를 잘 감당해 보자고~!

부부의 기도

하나님, 왜 우리는 지나고 나서야
하나님의 은혜였음을 깨닫게 되는 걸까요?
하나님의 말씀을 들으려고 하지 않고,
세상에 떠다니는 얕은 말들을 의지하며 살았습니다.

그동안 말씀을 따라 잘 살고 있다고 착각했습니다.
하나님의 진짜 음성을 듣지 못하고
왜곡되게 생각하며 살아온 지난날을 회개합니다.

우리의 죄인 된 모습과 감추고 싶은 모습들이 들춰질 때마다
부끄러워서 도망치고 싶었지만, 그 과정이 있어야만
하나님께서 사용하시는 걸 인정하며 순종합니다.

지금까지 우리가 만난 모든 과정을 통해
하나님의 쓰임에 맞는 그릇으로 빚어가심을 감사드립니다.
앞으로 저희는 계속 넘어지고 무너지겠지만
그럼에도 감사하며 주님과 함께
그 길을 웃으면서 걸어가길 소망합니다.
지금까지도 함께 하셨던 주님, 앞으로도 잘 부탁드립니다.

저희는 지금도 좋은 어른이 되어 가는 중입니다

저희는 성숙한 크리스천 어른이 되고 싶었습니다. 그렇지 못한 어른들을 많이 봐왔기 때문입니다. 이제 막 사회생활을 시작한 크리스천으로서 어떻게 신앙을 지키며 사회생활까지 잘할 수 있는지 알 방법이 없었습니다. 그저 힘든 상황을 위로하는 것만이 저희가 할 수 있는 전부였습니다.

이런 상황을 뚫어내고 싶었습니다. 그래서 신앙 서적만 읽기를 잠시 멈추고, 분야를 가리지 않고 유명한 책들을 읽기 시작했습니다. 그리고 크리스천 안에서만 한정 짓지 않고 다양한 사람들을 만나 정보를 얻기 시작했습니다. 책 안에서 얻은 인사이트를 말씀 안에서 해석하고 삶에서 적용하면서, 신앙을 잘 지키고 하나님과 동행하며 살고 있노라 생각했고 뿌듯하게 생활을 이어갔습니다.

실력과 여유가 생기면 그때 다시 교회 모임과 봉사도 참여해 보자며 우리끼리 약속했었고, 얼른 실력과 신앙을 갖춰서 하나님을 기쁘게 해드려야겠다고 생각했습니다. 그런데 저희가 잊고 있던 게 하나 있었죠. 그 시기는 하나님께서 정하신다는 것이었습니다.

일을 하고, 사업을 준비하며, 성장하면 할수록 저희끼리의 계획이었고 저희만의 착각이었다는 것을 깨닫게 하셨습니다. 하나님께서는 온전히 자신에게 집중해 주길 바라셨는데, 저희는 우리의 열심으로 하나님을 기쁘게 해드리려 했던, 마르다와 같이 행동하고 있었던 겁니다. 저희의 상태를 깨닫고부터 모든 우선순위를 하나님께 두게 되었고, 그제야 부부의 시선도 하나로 모이기 시작하는 걸 느꼈습니다. 아마도 하나님께서는 이 순간을 기다리신 것 같습니다. 정말 다른 두 우주가 한 뜻을 품고 온전히 하나님만을 향한 방향을 결정하는 순간 말입니다.

저희 부부는 정말 처음부터 다른 사람이었습니다. 맞는 게 하나도 없었죠. 그래서 단 하나라도 맞으면 기뻐서 폴짝폴짝 뛰며 기쁨을 만끽하게 됐습니다. 심지어 이 책의 원고를 집필하는 과정에서도 각자 쓰는 방식이 너무 달라서 "역시 안 맞아…"라는 말을 몇 번이나 했는지 모릅니다. 나름 '신앙 에세이'인데, 거룩한 마음을 담아 쓰지는 못할망정, 책을 쓰면서까지 싸우는… 이렇게 다른 둘을 왜 부부로 붙여서 살아가게 하셨을까 생각해 보니, '서로 사랑하라'는 가장 기본 원칙을 지켜야만 천국에 들어갈 자격을 주기 때문 아니었을까 싶습니다.

가장 가까운 사람인 배우자가 원수가 될 때도 있지만, 평생의 동역자를 붙여줘도 이 한 사람조차 사랑하지 못한다면 참 부끄럽겠다고 생각하게 되었습니다. 그래서 끝까지 사랑하려 노력하고, 서로에게 작은 천국이 되어주자는 약속을 해봅니다.

비전을 향해 끊임없이 나아가고 있는 지금, 저희는 여전히 미숙하고 앞이 보이지 않는 불확실한 미래를 그려나가고 있습니다. 사람들과 크게 다르지 않은 고민을 하면서 말이죠.

그런데 한 가지 중요한 사실은, 저희의 모든 고민을 하나님과 공유하지 않으면 오로지 저희의 근심으로 끝나지만, 하나님과 상의하며 나아갈 땐 실패하는 순간까지도 비전을 향한 경험적 자원이 된다는 것입니다. 그리고 저희는 계속해서 이 점을 찍어가는 과정에 있습니다. 이 점들이 모여 어떤 선을 그릴지는 모르겠지만, 저희가 할 수 있는 일은 모든 일에 결국 선하게 역사하시는 하나님을 신뢰하며 나아가는 것입니다.

깨지고 부서지는 게 두려워 하나님이 주신 이 삶을 땅에 묻어두는 어리석은 행동을 멈추기로 했습니다. 과정을 통해 저희에게 맡기실 미래에 대한 기대가 더 큰 행복으로 다가오기 때문입니다. 혹시 저희처럼 현재 점을 찍고 있는 과정에 있는 분이 있다면, 그리고 훗날 다가올 연단의 시간을 어떻게 견뎌낼지 고민하는 사람이 있다면, 어디선가 지금도 함께 점을 찍고 있을 저희를 떠올리며 조금이라도 힘이 되길 바랍니다.

여전히 지금도 안정적인 상황은 아니지만 그럼에도 저희 부부는 계속 하나님 안에 붙들려 성장해 나갈 겁니다. 그것이 진정한 행복임을 이제는 알기 때문입니다. 저희를 키워주신 하나님, 진심으로 감사합니다. 앞으로도 잘 부탁드립니다.

에필로그

하나님, 저희 잘 가고 있는 거 맞나요?

초판 1쇄 발행 2024년 5월 8일

지은이 소꾸부부(정희구, 이소정)
펴낸곳 아웃오브박스 / **편집** 심은선
디자인 쇼이디자인

출판등록 2018년 2월 14일 제 2018-000001호
주소 경상남도 밀양시 새미안길 9-1 갤러리빌라 101호
전화 070-8019-3623
메일 out_of_box_0_0@naver.com

ISBN 979-11-984561-2-0 (03810)

*정가는 책 뒤표지에 있습니다

이 책의 판권은 지은이와 아웃오브박스에 있습니다.
이 책은 저작권법에 의해 보호를 받는 저작물이므로 무단 복제 및 무단 전재를 금합니다.